Folgen Sie uns!

Wir informieren Sie gerne über Neuigkeiten aus der Welt des CONBOOK Verlags. Folgen Sie uns für News, Specials und Informationen zu unseren Büchern, Themen und Autoren.

 www.conbook-verlag.de/newsletter   www.facebook.com/conbook

Dennis Kubeks Vorliebe für den asiatischen Kontinent liegt in seiner Kindheit begründet: Seine Helden waren die Akteure von unzähligen ostasiatischen Filmen. Während seines Studiums war das Fernweh schließlich auf ein so unerträgliches Maß angewachsen, dass er sich endlich selbst in Kung-Fu-Pose zwischen Pagoden und Reisfeldern wiederfand. Wann immer es sich seitdem einrichten lässt, taucht der freischaffende Regisseur und Mediendesigner in die faszinierenden Kulturen Asiens ein.

Bielle Kim ist in Seoul geboren und aufgewachsen. Nach ihrem Innenarchitektur-Studium packte sie das Reisefieber, das sie fortan nicht mehr loslassen sollte. Die Streifzüge der neugierigen Weltenbummlerin führten sie von Asien über Australien nach Nordamerika, um anschließend in Europa eine neue Heimat zu finden. Seit 2011 lebt und arbeitet die Designerin und Marketing-Spezialistin nun in Deutschland.

3. Auflage
© Conbook Medien GmbH, Neuss, 2015, 2018
Alle Rechte vorbehalten.

www.conbook-verlag.de
www.1-5-1.de

Einbandgestaltung: LNT Design, Köln
Satz: David Janik
Fotos: Dennis Kubek, mit Ausnahme von (genannt sind die Nummern der Momentaufnahmen):
Bielle Kim: 3, 7, 17, 19, 35, 52 (unten), 54 (oben), 66, 73, 81, 88, 92, 126, 149; David Wallace: 5;
Han Jeon (www.korea.net): 10, 53; John Kingston: 52 (oben); Shawn Perez: 55; Geun-pil Kim: 58, 124;
Moravius: 59; Tim Buckingham (www.buckingham-images.com): 60; Ji-yeong Yun: 74;
Dan Wendell: 85; Leigh Cooper: 97; Steve Zdawczynski: 100; Julie Nicol: 110;
Bryan Dorrough: 134 (oben); Turner Wright: 134 (unten); Marv Watson: 139;
Korea Tourism Organization, Frankfurt Office: 80

Druck und Verarbeitung: Multiprint GmbH

ISBN 978-3-943176-75-9

Die in diesem Buch dargestellten Zusammenhänge, Erlebnisse und Thesen entstammen den Erfahrungen und/oder der Fantasie der Autoren und/oder geben deren Sicht der Ereignisse wieder. Etwaige Ähnlichkeiten mit lebenden Personen, Unternehmen oder Institutionen sowie deren Handlungen und Ansichten sind rein zufällig. Die genannten Fakten wurden mit größtmöglicher Sorgfalt recherchiert, eine Garantie für Richtigkeit und Vollständigkeit können aber weder der Verlag noch die Autoren übernehmen. Lesermeinungen gerne an feedback@conbook.de

»*Schafft den Spagat zwischen Unterhaltung und Information. Lesenswert.*«

THOMAS SCHNEIDER, KBS WORLD RADIO, DEUTSCHER DIENST

KOREA
151

**Ein Land zwischen K-Pop und Kimchi
in 151 Momentaufnahmen**

Momentaufnahmen

Geschichte 10	Love Motel 82
Dangun-Legende 12	Jaebeol 84
Admiral Yi 14	Film 86
Koreakrieg 16	Busan International Film Festival . . 88
Tigerstaat 18	Noraebang 90
Konfuzianismus 20	Taxi 92
Pungsu 22	T-Money 94
Tempel 24	Gimbap 95
Seoul 26	Landleben 96
Hallyu 28	Korea wird älter 98
Bang-Kultur 30	Daechung Daechung 100
Polizei 32	Kino 102
Küche 34	Strände 104
Reis 36	Outdoor 106
Kimchi 38	K-Pop 108
Bballi Bballi 40	Aegyo 110
Koreanisch 42	Schlamm-Festival 112
Zahlen 43	Königsmahl 114
Natur 44	Hanok 115
Kim 46	Joseonjok 116
Geonbae! 48	Flüchtlinge 118
Jahreszeiten 50	Homo Hill 120
Religion 52	Die Penise von Haesindang . . . 122
Der schwarze Tag 54	Mode 124
Nationalismus 56	Paare 126
Nordkorea 58	Shopping 127
Wiedervereinigung 60	Ramyeon 128
Wehrdienst 62	Party 130
Choco Pie 64	Dating 132
Kampfkünste 66	Hostessen 134
Militärregierung 68	Perverse 136
Paläste 70	Fernsehen 138
Apartmenthäuser 72	Internet 140
Hanbok 74	Humor 142
Seollal 76	KakaoTalk 143
Reiskuchen 78	K-Drama 144
Hanja 79	Hongdae 146
Konglish 80	Fusion-Restaurants 148

Cafés	150	Fischmarkt	219
DMZ	152	Haenyeo	220
Japanische Besetzung	154	Fotokabine	222
Jjimjilbang	156	Kleines Scheißerchen	224
Soju	158	Jugendsprache	226
Kater	159	DVD-Bang	227
Nationalparks	160	Wohnen	228
Schamanismus	162	Ginseng	229
Jindo-Hund	163	Ondol	230
Tiergeräusche	164	Traditionelle Hochzeit	232
Straßensnacks	166	Honeymoon	234
Barbecue	167	Vollmond	236
Gangnam	168	Lernen	238
Schönheit	170	Ajumma	240
Cheonggyecheon	172	Gangs	242
U-Bahn	174	Naengmyeon	244
Trostfrauen	176	Bingsu	246
Schildkrötenschiff	178	Hunde-Café	248
Joseon-Dynastie	180	Westerntown	250
Discobus	182	Unser Dok-do	252
Gwisin yijagi	184	Bezahlen	254
Inseln	186	Service	256
Jeju-do	188	Bürokratie	258
Bunte Dächer	190	PC-Bang	260
Reiskocher	192	e-Sports	262
Protest	194	Spione	264
Panmunjeom	196	Kulinarische Reise	266
Zivilschutz	198	Arbeiten	268
Geisterjäger	200	Suizid	270
Busan	202	Korruption	271
Laternen	204	McKorea	272
Hangeul	206	Gingkobäume	274
Kalligrafie	208	Brautkauf	276
Dokkaebi	210	Silber	278
Maskentanz	212	Nunchi	280
Aberglaube	214	Deutsches Dorf	282
Gyeongju	216	Ausländer	284
Podo	218		

So viele Sterne stehen am hohen Himmel
So viele Träume sind in unserem Herz
Dort hinter dem Hügel steht der Berg Baekdu
Wo es selbst während der Wintertage blüht.
(*Arirang*, koreanisches Volkslied)

Vorwort

In Korea wird immer wieder über die Bezeichnung des Landes gestaunt: »Land der Morgenstille – damit kann doch unmöglich Korea gemeint sein!«, wundert man sich hier stirnrunzelnd. Highways, Neonlichter, Rabattaktionen, Überstunden, Schönheitsideale, Glasfasernetz, Wehrdienst, Nachtclub, K-Pop. Im Hightech-Staat herrschen ein unfassbares Lebenstempo und ebenso hohe Erwartungen an sich selbst und seine Mitmenschen.

Verlässt man die Millionen-Metropolen, entschleunigt sich das Treiben und es offenbart sich eine ganz andere Perspektive. Die idyllische Szenerie von Bergen, Reisfeldern und wunderschönen Küsten lassen die Hektik rasch vergessen. Doch ob in der Stadt oder auf dem Land, der koreanische Alltag ist bestimmt von komplexen gesellschaftlichen Strukturen, Religion und Aberglaube, dem Konfuzianismus sowie alter Familientradition.

Das Land präsentiert sich ultramodern und fortschrittlich. Doch der erste Blick kann auch täuschen. Bei näherer Betrachtung hält Korea viele wundervolle Überraschungen bereit, die man zuvor nicht für möglich gehalten hätte. Oft glaubt man dann, das große Ganze endlich entschlüsselt zu haben, nur um kurze Zeit später eines Besseren belehrt zu werden. Zu den vielen aufregenden Erfahrungen mit einer fremden Kultur gehört dies selbstverständlich dazu.

In unserem Buch bewegen wir uns daher manchmal eine Weile an der Oberfläche, um dann wieder tief in die koreanische Kultur einzutauchen. Wir wollen zeigen, dass Korea trotz mancher Widersprüche ein einzigartiges und faszinierendes Land mit herzlichen und liebenswerten Menschen ist.

Wir versuchen in unseren 151 Kapiteln in wenigen Zeilen zu der Essenz der jeweiligen Momentaufnahme vorzudringen und eine breite Auswahl an Themen zu beschreiben. Dabei sind wir mal nüchtern, mal werfen wir einen kritischen Blick hinter die Kulissen und oft können wir uns ein Schmunzeln oder Augenzwinkern nicht verkneifen.

Von der Popkultur über traditionelle Bräuche widmen wir uns der koreanischen Küche, entdecken neue Trends und trauern den alten nach. Auf unserer Reise besuchen wir spannende Orte fernab von der Hauptstadt Seoul und lernen interessante Menschen kennen. Begleiten Sie uns in das ganz und gar nicht stille Land der Morgenstille.

Dennis Kubek & Bielle Kim

Anmerkungen

Das Buch behandelt den südlichen Teil der koreanischen Halbinsel, die Republik Korea. Allgemein wird daher von Korea gesprochen. Wenn eine Differenzierung notwendig ist, werden die Bezeichnungen Südkorea und Nordkorea (Demokratische Volksrepublik Korea) verwendet.

Zur Transkription des koreanischen Alphabets wird (bis auf wenige Ausnahmen) die Revidierte Romanisierung genutzt, die seit 2000 offizielle Umschrift des Koreanischen ist.

Bei der Nennung koreanischer Namen wird zuerst der Familienname und dann der Vorname genannt.

Die Kapitel in diesem Buch sollen einfach, unterhaltend und informativ zu lesen sein. Daher wird, obwohl die geschlechtergerechte Sprache zu befürworten ist, das generisches Maskulinum verwendet.

Wenn ein koreanischer Begriff in einer Momentaufnahme selbst nicht näher erläutert wird, findet er sich oftmals als einzelnes Kapitel wieder, in dem dann seine Bedeutung klar wird. Das Inhaltsverzeichnis kann daher wie ein Stichwortverzeichnis benutzt werden.

Die Autoren spenden einen Teil ihres Honorars der *European Alliance for Human Rights in North Korea* (www.eahrnk.org), die sich auf die Hilfe für Flüchtlinge aus Nordkorea spezialisiert hat.

1 Geschichte
Gerangel um Vorherrschaft
역사 yeoksa

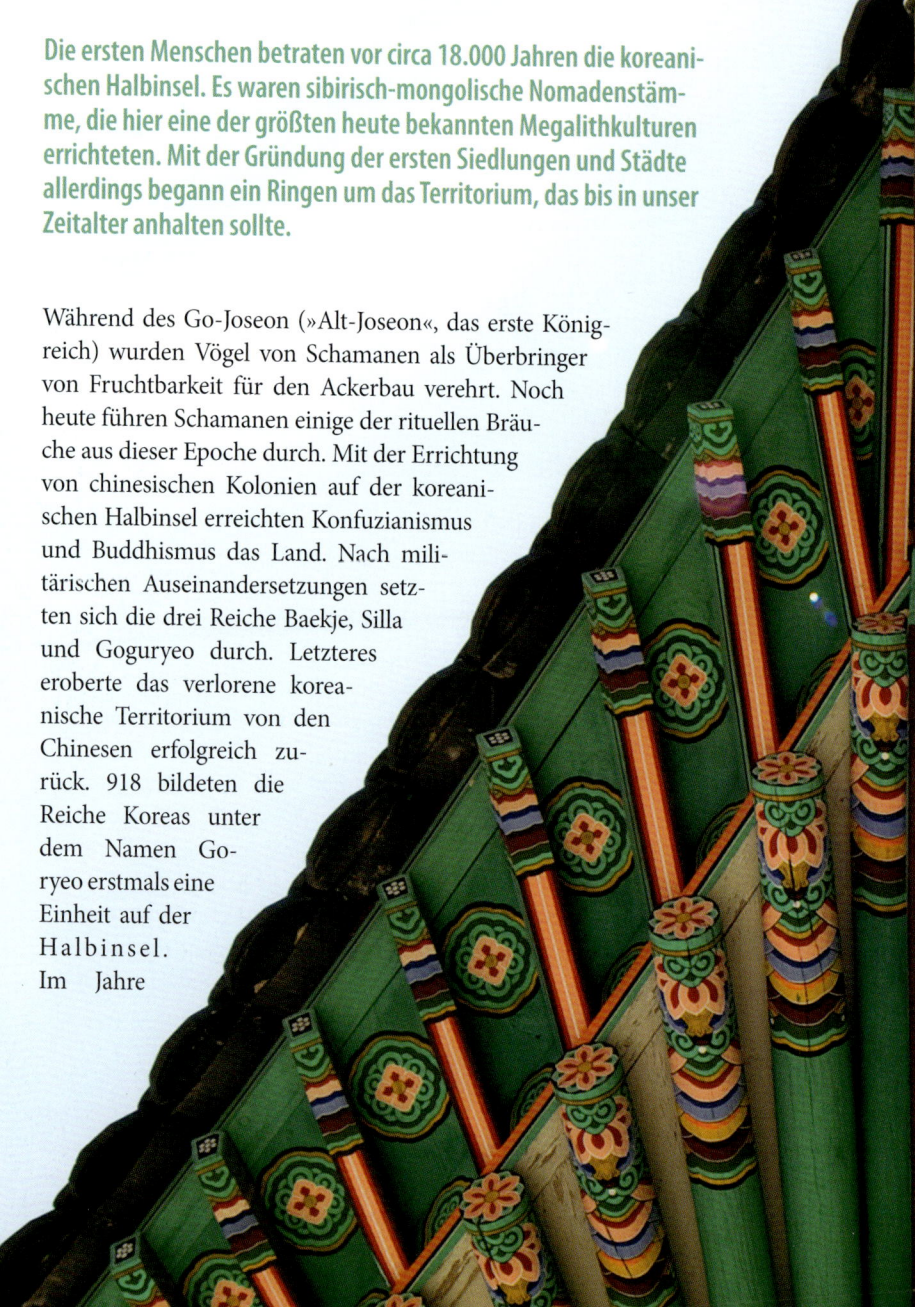

Die ersten Menschen betraten vor circa 18.000 Jahren die koreanischen Halbinsel. Es waren sibirisch-mongolische Nomadenstämme, die hier eine der größten heute bekannten Megalithkulturen errichteten. Mit der Gründung der ersten Siedlungen und Städte allerdings begann ein Ringen um das Territorium, das bis in unser Zeitalter anhalten sollte.

Während des Go-Joseon (»Alt-Joseon«, das erste Königreich) wurden Vögel von Schamanen als Überbringer von Fruchtbarkeit für den Ackerbau verehrt. Noch heute führen Schamanen einige der rituellen Bräuche aus dieser Epoche durch. Mit der Errichtung von chinesischen Kolonien auf der koreanischen Halbinsel erreichten Konfuzianismus und Buddhismus das Land. Nach militärischen Auseinandersetzungen setzten sich die drei Reiche Baekje, Silla und Goguryeo durch. Letzteres eroberte das verlorene koreanische Territorium von den Chinesen erfolgreich zurück. 918 bildeten die Reiche Koreas unter dem Namen Goryeo erstmals eine Einheit auf der Halbinsel. Im Jahre

1231 wurde das Land allerdings aus dem Norden überfallen und zum Vasallenstaat der Mongolen gemacht.

Etwas mehr als einhundert Jahre später, als sich die Besatzer zurückziehen mussten, wurde das Königreich Joseon gegründet. Es stellt den Ursprung vieler koreanischer Traditionen dar und ist immer wieder Thema in populären Fernsehserien und Kinofilmen des modernen Korea.

Nach der zweiten Invasion der Mandschu fiel das Reich anschließend in die Hände der chinesischen Qing-Dynastie und endete mit der Erklärung zum Kaiserreich Korea im Jahre 1897. Es sollte jedoch nur 13 Jahre lang Bestand haben, denn dann annektierten die Japaner das Land.

Dangun-Legende
Gründungs-Mythen
단군 왕검 dangun wanggeom

Am 3. Oktober wird in Korea ein gesetzlicher Feiertag namens Gaecheonjeol zu Ehren des koreanischen Gründungsmythos gefeiert. Im Jahre 2333 v. u. Z. öffnete sich der Himmel über dem Berg Taebaek und der Sohn eines Gottes brachte den Menschen Kultur und Zivilisation.

Der Gottessohn Hwanung errichtete auf dem Gipfel des Berges Taebaek gerade die Stadt Shinshi, als ein Bär und ein Tiger ihn darum baten, sie in Menschen zu verwandeln. Doch so leicht wollte Hwanung es den beiden nicht machen und überreichte ihnen Knoblauch und Beifuß. Sie sollten beides hundert Tage lang essen und das Sonnenlicht meiden. Der Tiger sah darin wohl keinen Sinn und gab auf. Der Bär allerdings aß brav auf, wurde belohnt und wie gewünscht in eine Frau verwandelt. »Wie praktisch!«, dachte sich Hwanung und nahm den ehemaligen Bären kurzerhand zur Gemahlin. Ihr gemeinsamer Sohn hieß Dangun Wanggeom, welcher als der Erbauer von Pjöngjang und Gründer der Go-Joseon-Dynastie gilt.

In einer von der Südküste stammenden Überlieferung der Silla ist von einem fliegenden Pferd die Rede, das den Menschen ein purpurfarbenes Ei hinterließ. Aus diesem schlüpfte ein hübscher Junge, welcher von den Menschen als heilig verehrt wurde. Als König herrschte der Junge fortan in einem Palast über das Reich. Natürlich benötigte auch er eine Frau an seiner Seite, und prompt erschien ein lustiger Hühnerdrache, der ein Mädchen gebar. Unglücklicherweise trug das Mädchen einen Hühnerschnabel auf ihren Lippen, weshalb die geplante Hochzeit verwehrt wurde. Doch als sie eines Tages ein Bad nahm und ihr der Schnabel einfach abfiel, zog sie als Königin mit ganz normalen Lippen in den Palast ein.

Admiral Yi
Koreas bekanntester Held
이순신 Yi Sun-sin

In eindrucksvoller Kulisse auf dem Gwanghwamun-Square in Seoul steht die stolze Statue von Yi Sun-sin. Die klugen Taktiken des Admirals und Militärstrategen brachte Korea 1598 den Sieg gegen das übermächtige Japan. Noch heute wird er in beiden koreanischen Staaten als Nationalheld gefeiert.

Der japanische Herrscher Toyotomi Hideyoshi leitete 1592 mit einer Invasion in Korea den siebenjährigen Imjin-Krieg ein. Zunächst sollte Korea und dann China unterworfen werden. Die koreanischen Landstreitkräfte waren aufgrund ineffizienter Militärbürokratie machtlos gegen den ersten Vorstoß der Samurais.

Ein großer Hoffnungsträger jedoch war die koreanische Kriegsmarine, welche als gut ausgerüstet und durch ständige Konflikte mit Piraten als sehr kampferprobt galt. Admiral Yi erhielt das Kommando über die Flotte. Die erste Invasionswelle der gegnerischen Marine konnte er erfolgreich zurücktreiben. Doch die Japaner gaben nicht auf und bereiteten einen zweiten Angriff vor. Admiral Yi fiel daraufhin einer Intrige zum Opfer und wurde erst begnadigt, als die zweite Invasionswelle Korea bereits zu überrollen schien.

Yi nutzte die topografischen Begebenheiten tausender koreanischer Inseln zu seinem Vorteil und fuhr mit seinen neuen gepanzerten Kriegsschiffen einen Sieg gegen die zahlenmäßig überlegene Marine Japans ein. Da er den Japanern die begangenen Gräueltaten gegen die Zivilbevölkerung nicht verzeihen konnte, verfolgte und zerstörte er die flüchtenden Kriegsschiffe. Nach dieser erbitterten Seeschlacht musste zwar sein Tod verkündet werden, doch immerhin war der Krieg beendet.

Koreakrieg
Ein Stellvertreterkrieg
한국 전쟁 hanguk jeonjaeng

»Liebe Mutter, als ich aufgewacht bin, hatte ich Schnee im Mund.«
(Ein koreanischer Soldat in einem Brief an seine Mutter)

Nach dem Zweiten Weltkrieg schlugen Versuche der Weltmächte fehl, das von der UdSSR und den USA geteilte Korea zu vereinen. Der nordkoreanische Führer Kim Il-sung erhielt von der Sowjetunion und Rot-China die Erlaubnis, die Vereinigung durch einen Krieg herbeizuführen. Am 25. Juni 1950 überschritten seine Truppen den 38. Breitengrad und trieben die überraschten südkoreanischen und US-amerikanischen Verteidiger bis tief in den Süden nach Busan. Der egozentrische General MacArthur wiederum unterbrach mit einer riskanten amphibischen Landung im Rücken der Nordkoreaner die Nachschublinien. Daraufhin konnte die US-Armee verstärkt werden und Seoul zurückerobern.

In Washington entschied man, in den Norden einzudringen, um den Feind weiter unter Druck zu setzen. Siegessicher erreichten die Amerikaner noch im Winter desselben Jahres den Yalu-Fluss an der Grenze zu China. Völlig unentdeckt von den amerikanischen Aufklärungsflugzeugen sammelte sich allerdings eine halbe Million chinesischer und nordkoreanischer Soldaten in dem Gebiet. Im Januar 1951 begann die kommunistische Gegenoffensive, der die Amerikaner nicht standhalten konnten. Fluchtartig zogen sie sich bis zum 38. Breitengrad zurück, wo der Krieg begonnen hatte. Nach erbitterten Stellungskämpfen wurde hier am 27. Juli 1953 lediglich ein Waffenstillstandsabkommen unterzeichnet. Nord- und Südkorea befinden sich also de facto noch immer im Krieg.

Tigerstaat
Das Wunder vom Han-Fluss
아시아의 호랑이 asiaui horangi

Wir alle kämpfen und arbeiten fest entschlossen.
Kämpfen und arbeiten. Eine neue Heimat gestalten.
Den lebenswertesten Ort, schaffen wir auf eigene Faust.
(Arbeiterlied, veröffentlicht von der Regierung)

In Korea ist man sich einig, dass es ohne die Militärregierung der 1970er-Jahre keinen wirtschaftlichen Aufschwung gegeben hätte. Damals griff der Staat stark in die Wirtschaft ein. Ein Erfolgskonzept, dass sich zum Teil bis heute erhalten hat. Gezielt wurden Schwerindustrie, Maschinenbau, Elektronik und Schiffsbau gefördert und reguliert. Da Südkorea nicht über Bodenschätze verfügt, wurde alles auf den Export gesetzt. Der Wettbewerb zwischen

den Jaebeols Lotte, Hyundai, LG und Samsung ist seit jeher der Motor der koreanischen Ökonomie. Die 20 größten Firmen erwirtschaften heute rund 80 Prozent des Bruttoinlandsproduktes. In diesem System scheinen Staat und Wirtschaft fließend ineinander überzugehen. Von Freihandelsabkommen werden nicht konkurrenzfähige Produkte des einheimischen Marktes grundsätzlich ausgeschlossen.

In Zukunft wird der Export von koreanischen Kulturgütern eine noch größere Rolle spielen. 2014 bewilligte die Regierung hierfür bereits Subventionen in Höhe von 10,6 Millionen Euro. Im darauffolgenden Jahr hat sie den Betrag mit einer Anhebung von 94,5 Prozent sogar verdoppelt.

Konfuzianismus
Allgegenwärtig
유교 yugyo

Zu Beginn der Joseon-Dynastie, gegen Ende des 14. Jahrhunderts, hatte sich der Konfuzianismus endgültig in Korea als Staatsphilosophie etabliert. Korea gilt noch vor China, von wo aus sich die Lehren Konfuzius verbreiteten, als das am stärksten konfuzianisch geprägte Land Ostasiens.

Zu den wichtigsten Elementen des Konfuzianismus in Korea gehören die Regelung menschlichen Zusammenlebens und die damit verbundene streng hierarchische Gliederung der Gesellschaft. Ereignissen wie Volljährigkeit, Heirat, Tod und der jährlichen Verehrung der Ahnen wird eine große Bedeutung beigemessen.

Konfuzianismus kann als Philosophie, Religion, Wissenschaft oder als soziale Lehre gedeutet werden kann. Auf den ersten Blick lässt sich der Konfuzianismus in Korea daher nicht unbedingt sofort erkennen. Besonders für Menschen aus dem Westen ist der Begriff einfach zu abstrakt. Dennoch ist er allgegenwärtig und bestimmt die koreanische Moralvorstellung, die Lebensweise und das Rechtesystem. In Familien sowie Betrieben wird meist eine deutliche Hierarchie gepflegt und der kollektivistische Aspekt von *yugyo* misst der Gruppe mehr Bedeutung zu als dem Einzelnen. Sein Einfluss prägt das Verhältnis von Kindern zu ihren Eltern und findet in einem starken Lerneifer in Schulen und Universitäten seinen Ausdruck. In den Augen mancher Vertreter der zahlreichen konfuzianischen Akademien ist es auch den Lehren Konfuzius zu verdanken, dass das Land in den letzten Jahrzehnten eine so starke Wirtschaft entwickelt hat.

Doch die rasanten Veränderungen stellen die konfuzianische Seele auf die Probe. Besonders die Jugend befreit sich in kleinen Schritten von ihr. So ist zum Beispiel die Gleichberechtigung von Frauen nur schwer mit *yugyo* zu vereinbaren, glücklicherweise dahingehend aber eine Veränderung überall im Land spürbar.

7 Pungsu
SimCity mit Feng-Shui
풍수지리 pungsujiri

Pungsujiri, die Lehre von der Harmonie zwischen Mensch und Natur, geht auf das chinesische Feng-Shui zurück. Um 900 haben daoistische Gelehrte die Theorie des »Prinzips von Wind, Wasser und Erde« nach Korea gebracht und dort weiterentwickelt.

Im semi-wissenschaftlichen Pungsu werden topografische und geografische Umstände zur Harmonisierung von Mensch und Natur einbezogen. Beeinflusst von Geologie, Buddhismus und Schamanismus geht Pungsu von energetischen Kräften aus, die ihren Ursprung in den Bergen haben. Von hier aus wandert die Energie durch Luft und Wasser hinab zu den Menschen. Pagoden und Tempel, wohl platziert am Fuße eines Berges oder

auf einem Gipfel, wollen diese positiven Schwingungen für si
nutzen. Ob ein bescheidenes Heim oder der Palast des Königs,
sollte so errichtet sein, dass es sich ausgewogen in seine Um
einfügt.

Angeblich können selbst Wanderer im Gebirge di
Wirkung spüren. Harmonisch in das Landschaftsbild e
die Paläste und Tempel allemal, doch ob man an die Spiritu
Bergen glauben möchte, sei jedem selbst überlassen. Die Tats
dass in Korea eine regelrechte Bergwanderungs-Manie herrsch
würde aber dafür sprechen.

Tempel
Ruheoasen in einem lauten Land
사찰 sachal

Ob in der Stadt oder weit außerhalb am Fuße eines Berges, buddhistische Tempel gehören zum Bild des Landes. Sie bilden einen beruhigenden Gegenpol zum regen Treiben im Hochleistungs-Korea.

Eine kleine Steinbrücke führt über einen Bach zum Eingang des Tempels. Symbolisch stellt das Gewässer eine Grenze dar, bei deren Überschreitung der Besucher das Weltliche hinter sich lässt. Danach durchschreitet man ein Tor, das *iljumun*, welches den wahren Pfad zur Erleuchtung versinnbildlicht. Durch das Tor der vier Himmelskönige gelangt man schließlich in das Innere des Tempels.

Im Zentrum der Anlage steht der Glockenpavillon, *beomjonggak* genannt. Er beherbergt eine große Glocke, an die von außen jeden Morgen und Abend mehrmals ein Holzpfahl geschlagen wird. Das wichtigste Gebäude des Tempels ist jedoch die Buddhahalle, die auf einem erhöhten Sockel gebaut und der Ort für Gebete und Predigten ist.

Lange vor dem Sonnenaufgang beginnen die Mönche ihren Tag hier mit Meditation. Abgeschlossen wird diese mit den 108 Niederwerfungen, bei denen die Mönche sich immer wieder vor Buddha verneigen. Erst danach gibt es in einem Saal eine einfache vegetarische Mahlzeit. Neben der Gemeinschaftsarbeit steht den Mönchen auch Freizeit für ihr religiöses oder weltliches Studium zur Verfügung.

Für viele Koreaner spielen Tempel allerdings keine große Rolle. Sie lassen sich hier vielleicht nur einmal im Jahr blicken (beispielsweise an Buddhas Geburtstag). Nur echte Buddhisten nehmen regelmäßig an Predigten teil und besuchen die Tempel auch wochentags.

Seoul
Zweitgrößte Metropolregion der Welt
서울 Seoul

Seoul kann auf eine ereignisreiche Geschichte von über 2.000 Jahren zurückschauen. Durch die perfekte Lage zwischen Bergen und Flüssen, ganz nach der Tradition des koreanischen Pungsu, wurde Seoul bereits zu Zeiten der Könige eine der wichtigsten Städte des Reiches.

Heute ist Seoul eine kontrastreiche Metropole mit eindrucksvollen Tempeln und Palästen, denen Hochhäuser im pulsierenden Schein der Neonreklame entgegenstehen. Die Bevölkerungsdichte der Metropolregion Sudogwon ist zweimal höher als die von New York. Hier wohnt mit 25 Millionen Menschen knapp die Hälfte der gesamten koreanischen Bevölkerung.

Der breite Han-Fluss teilt die von Bergen umgebene Stadt in eine Nord- und eine Südhälfte. Er bietet den vielen Menschen der Stadt vielerlei Freizeitmöglichkeiten. Ein bevorzugtes Ausflugsziel ist der Namsan, ein Berg, der sich aus der Stadtmitte erhebt. Auf ihm

thront das Wahrzeichen der Stadt, der N Seoul Tower. Die Mega-City ist bekannt für ihre führende Rolle im Bereich Hightech. An über 10.000 Orten in der Stadt ist kostenloses WLAN verfügbar, und der moderne Flughafen Incheon International Airport gilt als der beste der Welt. Doch Seoul will nicht nur technologisch, sondern auch kulturell ein Trendsetter sein. Das Hi! Seoul Festival beispielsweise vermittelt mehrere Tage lang die Highlights koreanischer Kultur. Gerade die bunte Vielfalt aus Technologie und Tradition sowie einem schier unendlichen kulturellen Angebot macht Seoul zu einer so dynamischen Stadt.

Hallyu
Die Koreanische Welle
한류 hallyu

Am 21. Dezember 2012 überschritt ein Video auf YouTube erstmalig die Grenze von 1 Milliarde Views. Mit dem Musikvideo *Gangnam Style* war die Koreanische Welle endgültig über den ganzen Erdball geschwappt, und auf ihr surfte der koreanische Pop-Rapper Psy.

Pop-Musik, Fernsehserien, Mode, Kulinarisches und Technologie gehören zu den beliebten koreanischen Kulturexporten, die bei der Jugend in vielen Ländern auf der Welt stark gefragt sind. Ausgelöst wurde die Welle unter anderem von einer kitschigen TV Serie namens *Winter Sonata*. Tausende Fans in Japan, China und ganz Südostasien waren so begeistert, dass viele sogar nach Korea reisten um an den originalen Drehorten Urlaub zu machen. Der Erfolg der koreanischen Musik- und TV-Produktionen in Asien ist der ausgeprägten Emotionalität, mit der sie gespickt sind, zu verdanken. Außerdem gelten koreanische Stars als besonders attraktiv und gut aussehend. Speziell die Männer werden für ihre mutmaßliche Sensibilität und Romantik verehrt.

Früh hat das Ministerium für Kultur in Korea Gelder für den Kulturexport bereitgestellt und so die Ausbreitung der Koreanischen Welle geschickt unterstützt. Außerhalb Asiens ist Hallyu spätestens seit *Gangnam Style* keine Nischenerscheinung mehr.

11 Bang-Kultur
Ein Zimmer für alles
방 문화 bang munhwa

Die meisten jungen Koreaner wohnen bis zu ihrer Heirat bei ihren Eltern, und das enge Zusammenleben in der Familie lässt kaum Platz für Privatsphäre. Wohngemeinschaften wie in Europa sind eine Seltenheit. Trotzdem oder gerade deswegen ist Korea ein Mekka für unternehmungslustige Nachteulen mit Hang zum Dauerentertainment.

Angefangen hat die Bang-Kultur in den frühen 1990er-Jahren. Ursprünglich waren sie ein für Filmliebhaber gedachter Rückzugsort. Hier konnte in privater Umgebung ein Streifen nach dem anderen geschaut werden. Die strengen koreanischen Eltern waren schließlich Schuld, dass sich das Leben der Jugend fortan in vielen Bangs abspielte. *Bang* bedeutet schlicht »Raum«, und genau das ist es auch: Ein Raum für die Einsam-, Zweisam- oder Geselligkeit. Statt nach Hause, gehen junge Leute mit ihrem Schwarm lieber in ein DVD-Bang, mit ihren Freunden nach der Party ins Norae- oder Jjimjil-Bang. Zum Zocken verschwinden sie oft stunden- oder tagelang in einem der unzähligen PC-Bangs.

In den Bangs wird also gefeiert, während die Eltern zu Hause so tun können, als wüssten sie von nichts.

Polizei
Recht und Ordnung
경찰 gyeongchal

Im Gegensatz zu vielen anderen Ländern ist die koreanische Polizei nicht in Länder- und Bundespolizei aufgeteilt. Jede Polizeibehörde untersteht der Korean National Police Agency. Eine kleine Besonderheit stellen die Einheiten der Hilfspolizei dar.

Der außergewöhnlichen Sicherheitslage des Landes und zahlreicher politischer Veränderungen geschuldet, ist die Polizei in Korea mit ihrem militärischen Stil das Vermächtnis der ehemaligen Militärregierung. Selbst bei einer kleinen Demonstration in der Stadtmitte werden dutzende Busse voller Bereitschaftspolizisten herangekarrt.

Bei nur zehn Prozent Steuern fragt man sich schnell, woher die Regierung in Seoul das Geld für all ihre Beamten nimmt. Die Antwort ist das Wehrpflichtgesetz, nach dem Rekruten der Armee an die Bereitschaftspolizei übertragen werden können. Die Wehrpflichtigen bewerben sich vor Dienstantritt bei der Uigyeong, einer Art Hilfspolizei. Im Anschluss an ihre militärische Grundausbildung erhalten sie eine 3-wöchige Polizeischulung und schon können sie als Hilfspolizisten im Inneren eingesetzt werden.

Küche
Die Cuisine Française kann einpacken
한국 음식 hanguk eumsik

Das Essen in Korea gilt als sehr gesund, ausgesprochen vielseitig und unglaublich lecker. Die koreanische Küche ist die beste der Welt!

Für die meisten Koreaner ist die westliche Küche viel zu salzig und fettig. Kein Wunder, denn koreanische Köche bereiten ihre Gerichte mit sehr wenig Salz und Öl zu. Aber es hat den Anschein, als hätte man das Salz einfach mit Chili vertauscht. Das feurige Beißen im Gaumen, die laufende Nase und die rot werdenden Wangen sind beim Genuss vieler koreanischer Speisen unvermeidlich. Doch nur darauf lässt sich das Essen der Koreaner nicht reduzieren. Die große Bandbreite an unterschiedlichen Speisen mit ihren schier endlosen regionalen Variationen allein lohnt schon einen Besuch des Landes. Ob in den unzähligen Restaurants oder an den vielen Essensständen, es gibt immer etwas Neues zu entdecken.

Zu den Basics der koreanischen Küche gehören selbstverständlich Reis, Kimchi, Tofu, gedünstetes Gemüse, Suppe und Fleisch. Da die koreanische Halbinsel vom Meer umschlossen ist, dürfen auf dem Tisch auch Fisch und Meeresfrüchte nicht fehlen. Abgeschmeckt mit Chili, Soja, Knoblauch, Sesam, Ingwer, Pfeffer, Senf und Lauch werden die Speisen stets in kleinen Schälchen serviert. So lassen sie sich leicht mit Essstäbchen entnehmen.

Eine koreanische Mahlzeit besteht immer aus mehreren Gerichten, was sie in der Zubereitung sehr zeitaufwendig macht. Doch das gemeinsame Essen und Teilen entschädigt für jeden Aufwand.

14 Reis
Basis jeder Mahlzeit
밥 bab

Der hohe Stellenwert, den Reis in der koreanischen Gesellschaft einnimmt, wird auch in der Sprache deutlich: »*Babmeokgo galla-eyo?*« – mit diesen Worten wird man in Korea zum Essen eingeladen. Wobei das Wort für »Mahlzeit« dasselbe wie für »Reis« ist. Und wie es sich für eine ostasiatische Kultur gehört, heißt auch in Korea »essen« immer »Reis essen«.

Durch den wirtschaftlichen Aufschwung in Korea musste der Staat stets ein wachsames Auge auf die Landwirtschaft haben. In den letzten 20 Jahren ist der Preis für Reis derart in die Höhe geschossen, dass er nicht mehr mit ausländischen Reiserzeugern wie China, Vietnam und den USA konkurrieren kann. Etwa ein Zehntel des koreanischen Bedarfs an Reis wird derzeit importiert und muss mit sage und schreibe 513 Prozent versteuert werden. Das aktuelle Freihandelsabkommen mit den USA schließt Reis derzeit aus gutem Grund nicht mit ein. Dennoch fürchten koreanische Reisbauern um ihre Zukunft und fordern von der Regierung mehr Schutz für die nationale Landwirtschaft. Auch der langsam anwachsende Bedarf an Bio-Reis im Land wird an dieser Situation zunächst nichts ändern.

Kimchi
National-Beilage
김치 kimchi

Es ist nicht übertrieben zu behaupten, dass Kimchi Teil der koreanischen Identität ist. Neben Reis ist das eingelegte Gemüse eine wichtige Beilage, die zu jeder guten Mahlzeit dazugehört. Nicht umsonst wird Kimchi zum immateriellen Kulturerbe Koreas gezählt.

Wegen des extremen Wetters auf der koreanischen Halbinsel war die Haltbarmachung von Speisen durch Fermentation schon immer sehr wichtig. Im November wurde zur Vorbereitung auf den Winter ein großer Tontopf gefüllt mit Kimchi im Erdboden eingelagert.

Heute haben viele Haushalte einen extra Kimchi-Kühlschrank. Das Gemüse wird auch deswegen getrennt von anderen Lebensmitteln aufbewahrt, da sein Geschmack sich schnell auf andere Speisen überträgt. Außerdem bleibt das Kimchi so länger frisch und aromatisch. Doch obwohl es längst verpacktes Kimchi im Supermarkt zu kaufen gibt, machen viele Koreanerinnen ihr eigenes Kimchi. Meistens nehmen sie hierfür Chinakohl, Rettich oder andere Gemüsesorten. Diese werden mit Chili, Fischsauce, Knoblauch, Salz und Ingwer zur Milchsäuregärung eingelegt. Je länger die Gärung andauert, desto saurer wird das Kimchi.

Viele Ausländer in Korea haben zunächst ein wenig Berührungsängste mit der geschmacksintensiven National-Beilage. Zu Tisch warten manche Koreaner förmlich darauf, dass der fremde Gast zögerlich Kimchi probiert. Trösten können sich die Ausländer damit, dass auch nicht jeder Koreaner ein Kimchi-Fan ist oder zu Besuch in Europa mit hoher Wahrscheinlichkeit einen großen Bogen um Blauschimmelkäse macht.

Bballi Bballi
Dalli, dalli!
빨리 빨리 bballi bballi

Koreaner zu Besuch in Deutschland sind etwas überrascht: Das Internet ist hier zu langsam, der Service bescheiden und die Behörden schwerfällig. Unsere ausgeprägte Gemütlichkeit steht sowieso im Kontrast zum koreanischen *bballi bballi*.

Seit den 70er-Jahren förderten die Programme von Präsident Park Chung-hee den Wettbewerb in Korea. Die Koreaner wurden angehalten, fleißiger und härter zu Arbeiten als jemals zuvor. Die Art und Weise, in der die Regierung ihr Wirtschaftswunder umsetzte, färbte auch auf die koreanische Mentalität ab. Das moderne Korea ist *auf Speed*. Ob im Familienleben, in der Arbeitswelt, in der Schule oder an der Uni. Überall heißt es *bballi bballi*, »schnell, schnell!«. Für gemütliches Herumsitzen im Restaurant ist wirklich keine Zeit. Den letzten Bissen im Mund kauend wird die Rechnung bezahlt. Der Verdauungskaffee kann auch auf dem Weg zum Auto getrunken werden. Geht etwas nicht rasch genug, wird man schnell ungeduldig. Nicht ohne Grund ist Korea eine Service-Oase, die Bballi-Bballi-Mentalität sorgt für die wohl schnellsten Lieferanten der Welt, blitzschnelle Behördengänge und auch leider für die friedlosesten Autofahrer in ganz Asien.

Die rastlosen Lieferanten auf Motorrädern werden »Quick Service Man« genannt. Oft nehmen sie spontan eine Abkürzung über den Bürgersteig.

Koreanisch
Ungeklärte Herkunft
한국어 hangugeo

Koreanisch gehört wie Türkisch, Mongolisch und Japanisch zu den altaischen Sprachfamilien. Oder doch nicht? Andere Theorien gehen nämlich davon aus, dass Koreanisch eine isolierte Sprache ist. Das moderne Koreanisch wurde stark von der chinesischen Sprache beeinflusst und weist einen hohen Anteil an Lehnwörtern auf. Auch aus dem Englischen werden immer mehr Wörter »eingekoreanischt«.

Als *das* »Hochkoreanisch« gilt der Dialekt in Seoul, während das Äquivalent zur Berliner Schnauze im Süden des Landes gesprochen wird: Die Mundart aus Busan gilt als besonders tough und männlich. Aber nur auf der Insel Jeju-do spricht man einen Dialekt, der sich sprachlich eindeutig vom Dialekt der Hauptstadt unterscheidet.

Die Grammatik im Koreanischen ist überschaubar, doch soll sie gerade für Europäer schwer zu erlernen sein. Die Satzstruktur empfinden viele als sehr fremdartig. Erschwerend hinzu kommen die vielen Höflichkeitsformen und die Regeln, wie diese genutzt werden. Denn Verben müssen der gesellschaftlichen Stellung einer Person angepasst werden. Diese stehen meist am Ende eines Satzes, und viele Koreaner geben ihrem letzten Vokal eine langgezogene Betonung. Dieser wunderbar nörgelnde Ton macht das gesprochene Koreanisch so charismatisch.

Zahlen
Warum Graf Zahl Korea nicht mag
숫자 sutja

»Wie lange müssen die Nudeln noch kochen?«, fragt Yoo-ra ihren Freund David aus England. Um sie zu beeindrucken, antwortet er ihr auf Koreanisch: »*Se bun.*« Kaum spricht er es aus, fängt sie an ihn auszulachen: »Haha, *drei Leute*? Für Zeitangaben musst du das sinokoreanische Zahlensystem benutzen. Drei Minuten heißt also: *sam bun.*«

Durch seine kulturhistorische Nähe zu China gibt es in Korea zwei verschiedene Zahlensysteme: Ein rein koreanisches und ein sinokoreanisches. Welches System zur Anwendung kommt, hängt von der Eigenschaft und Herkunft der Objekte ab. Das koreanische Zahlensystem wird meist nur für Mengen von 1 bis 99 verwendet. Es dient der Angabe des Alters eines Menschen und wird zum Zählen von Gegenständen, Personen, Tieren und Monaten genutzt. Das aus dem Chinesischen abgeleitete sinokoreanische System allerdings wird zum Zählen von Geld, Tagen, Jahren, Telefonnummern, Preisen sowie für alle Zahlen, die in koreanischen Zahlen nicht angegeben werden können, verwendet. Dabei kommt es auch auf das richtige Zählwort an. Das Wort »Baum« beispielsweise heißt auf Koreanisch *namu*, wird aber bei Quantitätsangaben zu *geuru*. Hat das Zählwort einen chinesischen Ursprung, dann wird auch die sinokoreanische Zählweise benutzt.

Schön kompliziert wird es bei Geldbeträgen über Zehntausend. Denn Koreaner haben hierfür ein eigenes Wort: 만 *(man).*

10 Natur
Koreas wunderschöne Flora und Fauna
자연 jayeon

Wie das Sonnenlicht der Felswand zuflüstert
Wie die Quelle, die unter dem Wasser lächelt
Leise an der Straße des Frühlings, mein Herz
Schau in den Himmel heute, den ganzen Tag
(Kim Yeong-nang)

Vor der koreanischen Küste liegen über 3.000 Inseln. Viele davon sind vor langer Zeit durch vulkanische Aktivität entstanden. Die größte von ihnen ist die subtropische Insel Jeju-do. In dem maritimen Lebensraum Koreas tummeln sich neben Seehunden auch Wale und Delfine. In den letzten Jahren ist ein hohes Quallenaufkommen vor den Küsten zu einem ernsthaften Problem geworden. Das Institut für Wissenschaft und Technik hat zur Beseitigung der Schwärme daher einen schwimmenden Antiquallenroboter im Einsatz.

Das Festland wird von zahlreichen Hügellandschaften und Gebirgszügen durchzogen. Mehrere Tausend Berge verteilen sich auf das kleine Land, in dem man gerne wandern geht. Eines der beliebtesten Ausflugsziele ist die beeindruckende Felsformation des 1.708 Meter hohen Berges Seoraksan. Die hohe Anzahl an Flüssen, die sich durch das Land schlängeln, ermöglicht den Koreanern den überaus wichtigen Nassanbau von Reis. Immer wieder musste hierfür durch umfassende Rodungen Platz geschaffen werden, denn 60 Prozent des Festlandes sind mit immergrünen Kiefern und Laubbäumen bedeckt.

Diese Wälder sind Heimat der bemerkenswerten Vielfalt von Flora und Fauna. Hier fühlen sich kleine Räuber wie Wiesel, Dachse, Marder und Waschbären sowie größere Spezies wie der Kragenbär (der in Korea Halbmondbär genannt wird) zu Hause. Als sehr gefährlich gilt die Salmusa, eine Viper, deren Gift tödlich sein kann. Glücklicherweise kommen Menschen nur sehr selten mit ihr in Kontakt.

Für eine reiche Vogelwelt mit mehr als 300 Arten ist besonders die demilitarisierte Zone zwischen Nord- und Südkorea bekannt. In diesem für Menschen unzugänglichen, natürlichen Biosphärenreservat konnte der Eurasische Luchs überleben, und hin und wieder wird behauptet, dass der Sibirische Tiger hier gesichtet wurde.

Kim
Ein Name für alle
김 Kim

Dass der Name »Kim« die koreanischen Telefonbücher dominiert, liegt an der langen feudalen Geschichte des Landes. Im alten Korea hatten 90 Prozent der Menschen keinen Nachnamen. Dieser war nur dem Adel vorbehalten. »Kim« war der Clanname einer einflussreichen Adelsfamilie, die gegen Ende der Joseon-Dynastie im Reich das Sagen hatte.

Als auch Bürgerlichen ein Nachnahme gewährt wurde, wählten viele aus Sorge, zu einer niedrigeren Klasse gezählt zu werden, die Namen der Großen und Mächtigen: Kim, Park, Lee. Das sind die koreanischen Müller, Meyer, Schmidt. Etwa die Hälfte aller Koreaner trägt heute einen dieser Namen. Familiennamen werden anders als in westlichen Ländern dem Vornamen vorangestellt, womit Koreaner im Ausland immer wieder für Verwirrung sorgen. Zumal »Kim« dort oft als Vorname gilt.

Doch was passiert wenn jemand in einem Restaurant plötzlich »Frau Kim« ruft? Drehen sich dann alle Koreanerinnen um, weil sie sich angesprochen fühlen? Zum Glück nicht, denn es gilt als unhöflich, jemanden nur mit seinem Familiennamen anzusprechen. Entweder wird eine Person mit ihrem ganzen Namen oder mit ihrem Vornamen plus honorativem *Ssi* angesprochen. Am Beispiel des nordkoreanischen Diktators würde das »Jong-un Ssi« lauten. Doch eigentlich wird es hier noch ein wenig komplizierter, denn Personen von hohem Rang werden nicht mit ihrem Namen angesprochen. Stattdessen wollen sie »Herr Lehrer«, »Frau Schwiegermutter« oder eben »Herr Diktator« genannt werden.

Geonbae!
Zum Wohl
건배 geonbae

»*Geonbae!*«, rufen Koreaner sich beim Anstoßen mit dem Reis-Schnaps Soju zu. Ein bekanntes Klischee besagt, dass Asiaten nicht viel Alkohol vertragen, doch die Realität in Korea lacht diesem Stereotyp lauthals ins Gesicht: Angeblich hat Südkorea den höchsten Pro-Kopf-Verbrauch an Spirituosen auf der ganzen Welt.

In der koreanischen Gesellschaft wird gerne und viel getrunken. Am beliebtesten ist Soju, eine Art koreanischer Schnaps. Alkoholische Getränke sind sehr günstig, und es wird als sehr ungesellig aufgenommen, nicht mittrinken zu wollen. Ausländer können sich allerdings leicht aus der Affäre ziehen – sofern sie nicht in einer koreanischen Firma angestellt sind. Denn dann gehört es zur Pflicht, an den zahlreichen After-Work-Veranstaltungen namens *hoesik* teilzunehmen. Es wird dabei viel gegessen und mit dem Chef ein Soju nach dem anderen getrunken.

Junge Leute spielen gerne Trinkspiele mit teilweise komplizierten Regeln, die mit steigendem Alkoholpegel selbstverständlich nicht mehr eingehalten werden können. Ein großer Spaß sind Pyramiden aus Bier- und Sojugläsern. Wie eine Dominoreihe fallen die kleineren Sojugläser dann ins Bier. Die Mischung nennt sich Poktanju, was als »Bombenschnaps« übersetzt werden könnte. Sicher hat das seinen Grund.

Die älteren Herren, welche sich tagsüber im Park mit Brettspielen die Zeit vertreiben, tendieren eher zu Makgeolli, einer milchig-trüben Variante des Reisweines. Makgeolli ist ein traditionelles Getränk, dessen Alkoholgehalt mit einem Starkbier zu vergleichen ist. Aufgrund seines unschuldigen Geschmacks wird seine Wirkung jedoch oft unterschätzt.

22 Jahreszeiten
Welche ist die Schönste im ganzen Land?
계절 gyejeol

Sibirische Winde, giftiger Staub, Starkregen und manchmal auch Taifune. Die Jahreszeiten in Korea können sehr extrem sein. Das klingt zunächst abschreckend, doch erstaunlicherweise machen die meteorologischen Gegebenheiten auf der koreanischen Halbinsel das Wetter sehr berechenbar. So berechenbar, dass früher die Bauern das Jahr in 24 Jahreszeiten einteilten.

Im Winter sorgen sibirische Winde für ein kaltes und trockenes Klima in Korea. Dabei wechseln sich Schneefall und Sonnenschein in regelmäßigen Abständen ab. Weniger Spaß macht der Frühling, wenn der »Yellow Dust« aus den Wüsten Chinas und der Mongolei seinen Weg nach Korea findet. Durch enorme Umweltverschmutzungen

enthalten diese Staubwolken viele gesundheitsgefährdende Partikel wie Schwermetalle und Pestizide. Glücklicherweise beschränkt sich die Yellow-Dust-Saison auf nur wenige Tage.

Von Juni bis Juli bringt der Monsun starke Niederschläge und sorgt für ein heiß-feuchtes Wetter. Pünktlich zum Hochsommer hin wird die Luft dann trockener, doch es bleibt heiß. Bis Ende September auf dem Berg Seoraksan endlich die Laubfärbung beginnt. Dann startet in vielen Nationalparks die wichtigste Saison: Der Herbst mit seinem blauen Himmel und einer schier endlosen Farbvielfalt beweist jedes Jahr aufs Neue, dass er eindeutig die schönste Jahreszeit in Korea ist.

Religion
Karma, Totempfahl und Christus
종교 jonggyo

Religion und Philosophie nehmen einen besonderen Stellenwert im Alltag der Koreaner ein. Der Anteil der Buddhisten in der Bevölkerung ist mit etwa 25 Prozent aber geringer als man denken mag. Das liegt daran, dass es eine Vielzahl von Glaubensrichtungen gibt, die nebeneinander existieren. Parallel zum Buddhismus wird auch Taoismus und Schamanismus praktiziert. Die Übergänge von einer Religion zur anderen sind meist fließend. Eine Ausnahme stellt der Protestantismus dar, der in einer merkwürdigen Konkurrenz zum Buddhismus steht.

Zunächst herrschte der Schamanismus in Korea vor. Gefolgt vom Buddhismus, der anschließend durch die Lehren Konfuzius etwas an Bedeutung verlor. Obwohl sich etwa die Hälfte der Koreaner als konfessionslos bezeichnet, koexisticren auch heute noch verschiedene Glaubensrichtungen. An den Berghängen werden weiterhin die Geister der Vorfahren mit Weihrauch beschwichtigt, die Menschen murmeln ein Sutra im Tempel, gehen am Sonntag in die Kirche oder organisieren sich in Sekten. In jüngster Zeit hat vor allem das Christentum viel Zulauf bekommen.

Buddhisten üben sich bekanntlich in der Meditation, Askese und in den täglichen Ritualen des Klosters. Disziplin beim Verzicht auf weltliches Verlangen fällt den modernen Mönchen im konsumorientierten Korea jedoch schwer. Um für Nachwuchs in den Tempeln zu sorgen, verlassen viele Mönche die Abgeschiedenheit der Berge und kümmern sich in den Städten stärker um die Verbreitung ihres Glaubens.

Scheinbar geschieht dies sehr zum Verdruss einiger fundamentalistischer Protestanten, die auch vor nächtlichen Übergriffen auf buddhistische Tempel nicht zurückschrecken. Ob sie jemals ihren Kampf gegen die Vielfalt des »Aberglaubens« gewinnen werden, ist fraglich. Schließlich kann man sich selbst im modernen Seoul an fast jeder Ecke die Zukunft voraussagen oder sich einen Geist austreiben lassen.

Der schwarze Tag
Trauertag der Singles
블랙 데이 beullaek dei

Es ist doch keine Schande, Single zu sein! Deswegen widmen wir uns nun weder dem Valentinstag, White Day, Photo Day, Bbaebbaero Day noch irgendeinem anderen der zahlreichen Pärchenfeste. Sondern dem Black Day, dem inoffiziellen Feiertag der Singles in Korea.

Koreanern scheint der 14. Februar als einziger romantischer Feiertag einfach nicht zu genügen. Deshalb wird einfach an jedem 14. Tag eines Monats eine Art Valentinstag gefeiert, an dem Paare sich etwas schenken müssen. Hinter diesem Marketing-Trick steckt eine ganze Industrie, die darum bemüht ist, sich immer wieder neue Trends und Pärchenfeste auszudenken. In den letzten zehn Jahren sind immer mehr hinzugekommen. Da diese Tage von der Kundschaft gerne angenommen werden, wird das Jahr wahrscheinlich eines Tages nur noch aus kommerziellen Feiertagen bestehen.

Seit der Erfindung des Black Days haben auch einsame Herzen endlich etwas zu feiern. Wobei »feiern« vielleicht das falsche Wort ist. Am 14. April trauern Singles nämlich, mehr oder weniger ernsthaft, über das Nichtvorhandensein einer intimen Beziehung.

Zusammen mit Bielle teste ich, wie es sich anfühlt, in Trauer zu sein. »Zuerst müssen wir etwas Schwarzes anziehen«, meint Bielle. »Das sollte kein Problem für dich sein, denn bei dir hängt sowieso nicht viel Buntes im Schrank.«

»Okay, was noch?«

»Dann bestellen wir Jjajangmyeon, Nudeln mit schwarzer Sauce.«

Gesagt, getan. Die Lieferung kommt in weniger als 10 Minuten. Wir setzen uns auf den Boden und breiten eine Zeitung unter den Nudeln aus. »Eigentlich essen wir die Nudeln auf diese Art nur an einem Umzugstag, aber ich finde, dass passt ganz gut zur Melancholie des Black Days«, meint Bielle. Eine richtige Trauerstimmung will sich dennoch nicht einstellen. Dazu schmecken die Jjajangmyeon einfach zu gut. So gut, dass wir uns fragen, warum wir nicht öfter den Black Day feiern.

Nationalismus
Ein heikles Thema
국수주의 guksujuui

Die Koreaner können ihre Abstammung bis zu 4.000 Jahre zurückverfolgen. Die geopolitische Lage ihrer Halbinsel hat sie zu einer homogenen Gesellschaft geformt. Und die jüngsten Entwicklungen ihrer Geschichte haben dazu beigetragen, dass Nationalismus mehr oder weniger überall im Land präsent ist. Sehr deutlich wird das am Verhältnis zum japanischen Anrainer.

Die permanente Verteidigung gegen Aggressoren aus dem Ausland hat die koreanische Identität maßgeblich geprägt. Auch wenn heutzutage mit Japan viel Kulturaustausch und Handel betrieben wird, hat die japanische Annexion Koreas (1910–1945) ihre Spuren hinterlassen. Ein gewisser Grundnationalismus bis hin zu Anti-Japanismus ist beinahe überall zu spüren. Dazu gesellen sich Territorialstreitigkeiten mit dem ehemaligen Besatzer, denen man oft unkritisch frönt. Japanische Ultra-Nationalisten gießen Öl ins Feuer, indem sie japanische Kriegsverbrechen an Koreanern leugnen. Die staatlichen Bildungssysteme sowie Medien beider Länder erwecken den Eindruck, kein ernsthaftes Interesse an einer Versöhnung zu haben. Zu groß scheint der Stolz und zu tief die Verbitterung zu sein.

Nordkorea
Polarisierender Nachbar
북한 Bukhan

Asienspiele 2014 im Stadion von Incheon: Im Fußball-Finale trifft die südkoreanische Nationalmannschaft auf ihren Gegner Nordkorea. Doch von einer euphorischen Stimmung vor dem Fernseher kann keine Rede sein. Gelangweilt wird umgeschaltet.

Viele Südkoreaner sind mit den regelmäßigen Drohgebärden aus dem Norden aufgewachsen. Da ist es nicht verwunderlich, dass viele von ihnen kein besonderes Interesse an dem Thema zeigen. In den Nachrichten wird zwar Tag und Nacht über Nordkorea gesprochen, allerdings hat die Berichterstattung eher den Charakter eines Wetterberichts. Es hat den Anschein, als sei dies nur das tägliche Hintergrundrauschen.

In den westlichen Medien hingegen wird selbst bei der kleinsten Regung aus Nordkorea Panik

gemacht. Berichtet wird gerne über das Waffenarsenal und alle möglichen Kuriositäten aus dem Land der Kims. Die brutalen Arbeits- und Konzentrationslager, welche in der Welt ihresgleichen suchen, bleiben leider nur eine traurige Randnotiz.

So mancher Tourist, der sich eine kostspielige Tour in den Norden leistet, hält sich selbst schnell für einen Investigativ-Journalisten. Dagegen gleicht ein Reisebericht dem anderen. Die westlichen Reiseagenturen werben damit, dass der Besuch einen positiven Effekt auf die nordkoreanische Bevölkerung hat. Doch das Regime nutzt Touristen für Propagandazwecke und erhält gleichzeitig Devisen aus dem Ausland. Einige Nordkorea-Experten sind der Meinung, dass die negativen Effekte des Tourismus in dem abgeschotteten Land um ein vielfaches höher sind als der beworbene Nutzen. Manche Flüchtlinge aus Nordkorea halten eine Reise in die diktatorische Volksrepublik sogar für unmoralisch und bitten Touristen darum, hiervon Abstand zu nehmen.

Südkoreas Küsten werden in Grenznähe mit Zäunen, Stacheldraht und Wachtürmen geschützt.

27 Wiedervereinigung
Ein teurer Traum
통일 tongil

Das Ministerium für Wiedervereinigung führt regelmäßig Gespräche mit Nordkorea. Ebenso regelmäßig werden diese durch Zwischenfälle unterbrochen. Die Kosten einer Wiedervereinigung werden auf 400 Milliarden Euro geschätzt, und der südkoreanische Steuerzahler fürchtet, diesen Betrag eines Tages zahlen zu müssen. Daher sind nur circa 35 Prozent der Südkoreaner für eine Wiederverengung von Nord und Süd.

Historisch und kulturell gesehen sind Nord- und Südkoreaner ein Volk. Sie sprechen die gleiche Sprache und lieben Kimchi. Doch die Erfahrungen mit Flüchtlingen aus Nordkorea haben gezeigt, wie gravierend die Unterschiede sind. Über die Jahrzehnte ist die Kluft zwischen dem diktatorischen Norden und dem hyperkapitalistischen Süden immer größer geworden.

Auch wenn sich das Ministerium für Wiedervereinigung gerne Rat aus Deutschland holt, vergleichbar ist die koreanische Situation nicht mit der zwischen West- und Ostdeutschland. Zumal die Staaten einen erbitterten Krieg gegeneinander führten. Außerdem haben die meisten Nordkoreaner so gut wie keine Möglichkeit, sich über den Süden zu informieren.

Nur eine schrittweise, jahrzehntelange Annäherung beider Länder könnte am Ende zu einer Wiedervereinigung führen. Daher ist der Plan des Ministeriums, zunächst für Frieden zu sorgen, dann eine Konföderation mit Nordkorea zu bilden und schließlich beide Staaten wiederzuvereinigen. In jedem Fall möchte der Süden aber einen Kollaps Nordkoreas vermeiden, denn dann würde der Albtraum südkoreanischer Steuerzahler mit Sicherheit wahr werden.

Fähnchen mit Wünschen für die Zukunft am Grenzzaun zu Nordkorea.

Wehrdienst
Briefe an den Soldaten-Onkel
군 복무 gun bokmu

Noch vor der Musterung bewerben sich einige der 20- bis 30-jährigen Männer bei der koreanischen Airforce. Sie nehmen damit den längstmöglichen Dienst von 2 Jahren in Kauf. Doch mit Vaterlandstreue und Patriotismus hat diese Entscheidung herzlich wenig zu tun.

Die Wehrpflicht ist in Korea nämlich ausgesprochen unbeliebt. Der Dienst bei der Airforce gilt als wesentlich weniger anstrengend als der bei den anderen Teilstreitkräften. Je nach Verwendung dauert die Grundausbildung beim Militär 5–8 Wochen. Die Rekruten haben wenig oder gar keinen Einfluss auf ihren späteren Einsatzort. Als »Arschkarte« gilt die Kombination vom Dienst beim Heer und dem Dienst an der Grenze zu Nordkorea.

Doch die armen Soldaten können sich mit netten Briefen von Schülern trösten: »Lieber Soldaten-Onkel. Danke, dass Du unser Land beschützt.« Dass die Schüler das nicht ganz freiwillig machen, erkennt man daran, dass es Vorlagen im Internet gibt. Copy-paste und ab an die Front.

Etwa 70 Prozent der koreanischen Soldaten sind Wehrpflichtige. Eine Option auf Verweigerung gibt es nicht. Wer es dennoch tut, muss mit einer Haftstrafe rechnen. Nur Rekruten, die als dienstunfähig gemustert werden, dürfen einen Ersatzdienst leisten. Der Sold eines Dienstunfähigen fällt wesentlich höher aus als bei der Armee. Dagegen haben die Absolventen des Ersatzdienstes leider keine guten Chancen auf dem Arbeitsmarkt. Personalchefs in Korea erwarten einen regulären Dienst von ihren Bewerbern.

Auch koreanische Popstars müssen ihrer Pflicht nachkommen. In der »Truppe für Unterhaltung« wird mit ihnen etwas milder umgegangen. Der schlimmste Tag im Leben eines mehr stil- als pflichtbewussten Rekruten ist der, an dem ihm die schöne Frisur runterrasiert wird. Dann hilft nur noch der Kampfschrei der Armee: »*Yugyeok Jasin!*«

Choco Pie
Krümelmonster in Korea
초코 파이 choko pai

Die Berühmtheit des Choco Pies geht auf seine kuriose Geschichte zurück. Seit 1974 mampfen koreanische Kinder den kleinen runden Schokokuchen mit Marshmallow-Kern. Doch auch Soldaten, die am 38. Breitengrad dem kommunistischen Norden gegenüberstehen, wissen den süßen Snack zu schätzen.

Vier Jahre nach der Einführung durch die Firma Orion brachte die Konkurrenz eine dreiste Kopie des Choco Pies auf den Markt. Schließlich entbrannte ein Rechtsstreit um den kleinen Dickmacher zwischen dem Vermarkter des Originals und dem Lotte-Konzern. Doch auch der vermeintliche Erfinder Orion hatte zuvor den Moon Pie aus den USA kopiert.

Durch einen geschickten Schachzug konnte Orion in den 1980er-Jahren einen Vertrag mit dem koreanischen Militär aushandeln. Wehrpflichtige bekamen von Vertretern der Kirche und buddhistischer Tempel kostenlose Choco Pies. Dankbar nahmen die jungen Männer bei jeder Gelegenheit die Geschenke entgegen. War doch der kleine Kuchen die einzige Süßigkeit, die während der langen Grundausbildung erlaubt war.

Der Choco Pie wird heute gerne mit Joghurt und Erdbeeren, zusammen mit Grüntee-Eiscreme oder aufgewärmt gegessen. Sogar in Nordkorea ist der Choco Pie beliebt: Im Industriekomplex Kaesong werden (sofern in Betrieb) für Südkorea günstige Waren gefertigt. Die hier beschäftigten Arbeiter freuen sich über regelmäßige Belohnungen in Form von Choco Pies. Denn auf dem Schwarzmarkt in Nordkorea ist ein einzelnes Stück 8,50 Euro Wert. Im Süden würde man hierfür lediglich 25 Cent bezahlen.

Kampfkünste
Mit Faust und Bogen
무술 musul

Taekwondo ist mit seinen spektakulär hohen Fußtritten Koreas bekanntester Kampfsport. Seit den 1940er-Jahren hat sich der Nationalsport auf der ganzen Welt verbreitet und wurde 2000 sogar zur olympischen Disziplin. Weniger bekannt sind Taekkyeon (der traditionelle Vorläufer von Taekwondo), Hapkido und Kuk Sool Won. Der Ursprung aller koreanischen Kampfkünste, findet sich in der jahrtausendealten Goguryeo-Dynastie. Damals entstanden die Kriegskünste aus dem koreanischen Ringen, dem Ssireum, das auch heute noch praktiziert wird.

Meister Seok-hyeon hat uns in sein Dojang in Busan eingeladen. Es ist Sonntag und nur wenige junge Schüler haben sich heute in der mit Matten ausgelegten Trainingshalle eingefunden. Bevor es losgeht, nehmen sie vor ihrem Meister auf dem Boden Platz und verbeugen sich. Nach einem kurzen Moment der Stille und Konzentration laufen sich die Jungs in der Halle warm.

Der 31-jährige Seok-hyeon erzählt uns, dass er sein Hobby zum Beruf gemacht hat. Nach dem Sportstudium hat er das Sparkonto geplündert und in einem Vorort von Busan eine eigene Kuk-Sool-Won-Schule eröffnet. »Kuk Sool Won versteht sich nicht als Sportart, vielmehr ist es eine Kampfkunst«, erklärt er. »Man muss hart trainieren, um all die verschiedenen Schlag-, Tritt-, Greif-, Wurf- und Fixiertechniken beherrschen zu können.«

Dann lässt er seine Schüler einige verblüffende Waffentechniken vorführen. »In den traditionellen Kampfkünsten spielten Pfeil und Bogen eine wichtige Rolle. Als sich unser System von anderen Kampfsportarten abgespalten hat, haben unsere Großmeister deshalb diese Waffenstile in das Programm von Kuk Sool Won eingebaut.«

Wir schauen Meister Seok-hyeons Schülern eine Weile zu und sind beeindruckt, mit welcher Disziplin und Ernsthaftigkeit sie ihr Training betreiben. Dennoch wird später laut gekichert, als sich einer von uns mit starkem Akzent bei ihrem Meister verabschiedet.

31 Militärregierung
Der lange Weg der Demokratie
군사 정권 gunsa jeonggwon

Am 18. Mai 1980 kam es in der Stadt Gwangju zu einem Aufstand gegen das Militärregime. Zuvor hatte die koreanische Regierung das Kriegsrecht verschärft und Oppositionelle verhaften lassen. Sieben Tage kämpften Bauern, Studenten und Arbeiter der Stadt gegen Polizei und Paramilizen. Am 27. Mai ging die Armee mit Sondereinheiten und schwerem Gerät gegen die Demonstranten vor.

Während sich der sozialistische Norden überraschend schnell vom Koreakrieg zu erholen schien, tat sich der Süden mit dem Wiederaufbau schwer. Vor allem fehlte es an Rohstoffen, und so mussten viele benötigte Waren importiert werden. In dieser verzweifelten Lage putschte sich 1961 das Militär an die Macht. Die Medien wurden zensiert und die Verfassung je nach Bedarf geändert. Langsam überholte die Wirtschaft schließlich die des Nordens und Südkorea verfügte wieder über Gelder. Doch die Regierung weigerte sich, in Regionen zu investieren, die als Hochburgen der Opposition galten. So kam es im Mai 1980 in der Stadt Gwangju zu einem folgenreichen Aufstand. Was als friedliche Demonstration begann, endete sieben Tage später in einem brutalen Massaker, bei dem hunderte Zivilisten getötet wurden. Der verantwortliche Armeechef Chun Doo-hwan übernahm nach dieser Tragödie das Amt des Präsidenten, und die Hoffnungen auf Demokratie im Land war zunächst zerschlagen.

Erst 1987 schlug der ehemalige General Roh Tae-woo unerwartet freie Wahlen vor. In der darauffolgenden Minderheitsregierung trieb er den Demokratieprozess weiter voran. Einige koreanische Parteien halten diesen auch heute noch für nicht abgeschlossen.

32 Paläste
Königliche Ruhe
궁궐 gunggwol

Eigentlich interessieren sich viele Koreaner nicht besonders für ihre Paläste. In Seoul werden die meisten von ihnen höchstens von Schülern auf Klassenfahrt oder von Touristen besucht.

Die ersten Europäer, die den Palast Gyeongbokgung besuchen durften, erlebten eine herbe Enttäuschung. Sie hatten hinter den Mauern hohe majestätische Gebäude wie in China erwartet. Die koreanischen Paläste wurden allerdings auf einer weit ausgedehnten Fläche und bungalowähnlich mit nur einer Ebene gebaut. Eine Tradition, die Koreas Hochhaus-Architekten längst verworfen haben. Dabei ist es genau diese Bauweise, die heutzutage viele Koreaner wieder in die Paläste lockt. Die weitläufigen Areale mit ihren Parkanlagen lassen den gestressten

Städter zu Ruhe kommen. Weit entfernt wirkt der Verkehrslärm der Metropole, und die Hochhäuser verschwinden am Horizont hinter Mauern und Bäumen.

Zusätzlich zur klassischen Wachablösung am Gyeongbokgung und farbenfroh inszenierten Zeremonien, baut die Stadt ihr Angebot immer weiter aus. Man möchte den Alltag von damals wieder lebendig werden lassen und so den Bürgern die Kultur der Joseon-Dynastie wieder näherbringen.

Als einige Paläste ihre Öffnungszeiten bis in die Nacht hinein verlängerten, waren die Tickets überraschend schnell ausverkauft. Das zeigte, dass sich Koreaner wieder für traditionelle Aspekte interessieren – oder zumindest nach der Arbeit ein bisschen Entspannung in den Gemäuern des alten Koreas suchen.

Apartmenthäuser
Niemand mag sie, doch alle wollen darin wohnen
아파트 apateu

Wohnparks mit Apartmenthäusern stechen aus der Landschaft heraus wie gigantische Reihen Dominosteine. Die Blöcke in hellem Betongrau schlängeln sich von den Vorstädten durch die Berge bis in die Zentren der Metropolen. Einige der Komplexe umfassen bis zu einhundert Hochhäuser und bieten Platz für über 300.000 Menschen.

An ihren Fassaden prangen riesige Nummern und die Namen bekannter Großkonzerne. Koreas Apartmenthäuser wirken wie Tetrisklötze, die in eigenartigen Anordnungen vom Himmel gefallen sind. Von einem inspirierenden Design fehlt jede Spur und die Mieten für eine Wohneinheit in Beton sind ungemein hoch.

Eigentlich müssten die Profiteure des koreanischen Wirtschaftsbooms die Nase über sie rümpfen. Hippe Großstädter sollten ein Loft bewohnen wollen und wohlhabende Vorstadtbürger ein nettes Reihenhäuschen bevorzugen. Verblüffenderweise bewohnt über die Hälfte der Koreaner eine Wohnung in solch einem Apartmenthaus. Erst ihr Inneres offenbart den Grund hierfür. Denn moderne Apartments verfügen standardmäßig über eine extrem schnelle Internetverbindung, beheizte Holzböden, Edelstahlküchen und ein automatisches Sicherheitssystem. Die meisten Apartmentparks bieten ihren Bewohnern darüber hinaus kostenlose Parkplätze und Hausmeisterservices sowie angeschlossene Kindergärten, Restaurants, Supermärkte und Fitnesscenter. Und dennoch würden viele Koreaner lieber in einer Liege im eigenen Garten entspannen. Andererseits wissen sie die Bequemlichkeit, die ihnen die Wohnparks bieten, zu schätzen. Ein Apartment zu kaufen lohnt sich weitaus mehr, als in ein eigenes Haus zu investieren. Darüber hinaus gilt die Wertsteigerung einer solchen Eigentumswohnung als sehr sicher.

In Zukunft sollen die langweiligen Klötze vermehrt als sogenannte »Jusang Bokhap Apateu« errichtet werden. Das sind formschöne und ansprechend gestaltete Apartmenthäuser, dessen unterste Stockwerke für kommerzielle Nutzung vorgesehen sind. Da Platz in Korea allerdings knapp ist und auch diese Häuser hoch gebaut werden müssen, bleibt abzuwarten, ob die neuen Wohnparks nicht einfach nur an ein fortgeschrittenes Tetrislevel erinnern werden.

Hanbok
Je bunter, desto besser
한복 Hanbok

Hanbok, die traditionelle koreanische Tracht, besteht aus Hanffasern, Satin oder Seide. Ein Hanbok ist bequem, luftig, farbenfroh – aber verflucht schwierig anzuziehen.

Früher konnte man den sozialen Stand einer Person an ihrem Hanbok erkennen. Das normale Volk sollte sich nur in Weiß kleiden, während die Farbvielfalt für die Aristokratie reserviert war. Je nach Anlass gab es verschiedene Ausführungen: Alltagskleidung, zeremonielle Kleidung und Beamtenkleidung.

Heute tragen koreanische Städter den Hanbok nur noch bei Hochzeiten oder zu anderen festlichen Anlässen. Dann wird die Tracht meistens geliehen, denn ein neuer Hanbok ist teuer. Männer tragen eine bequeme Hose, die am Saum gebunden wird, ein weitärmliges Oberteil und darüber eine lockere Jacke. Seit längerem gibt es die Tendenz, dass Männer einen Anzug dem Hanbok vorziehen. Dabei müssten es eigentlich die Frauen sein, die lieber auf die Tracht verzichten würden. Denn ihr Kostüm ist viel aufwendiger und besteht aus mehreren Schichten. Typisch sind der sehr weite Rock und die boleroähnliche Jacke, welche vorne mit einer großen Schleife geschlossen wird.

Seollal
Doppelt hält besser
설날 seollal

In Korea wird das neue Jahr gleich zweimal feierlich begrüßt. Das erste Mal nach gregorianischem Kalender zu Silvester und das zweite Mal nach dem Mondkalender, an einem Feiertag namens Seollal.

Der wichtigste Feiertag in Korea richtet sich nach dem Neumond und findet zwischen dem 21. Januar und 20. Februar statt. Da das Mond-Neujahr ausschließlich mit der Familie gefeiert wird, reisen zur gleichen Zeit Tausende von Koreanern quer durchs Land. Alle Zugtickets sind ausverkauft, die Straßen sind verstopft und zu Hause warten die ungeduldigen Angehörigen.

Sind endlich alle eingetroffen, beginnt das Fest mit der klassischen Verbeugung vor den Eltern, Großeltern und zu Ehren der Vorfahren. Anschließend werden Geldgeschenke und Wünsche für das neue Jahr ausgetauscht.

Wenn das Wetter schön ist, lässt die Familie draußen einen Drachen steigen oder spielt mit den Kindern auf einer Wippe das artistische *Neolttwigi*. Im Falle, dass das neue Jahr ganz unglücklich mit Regenschauern beginnt, wartet im Wohnzimmer das traditionelle Brettspiel *yunnori*. Beim großen Festessen darf natürlich Tteokguk, eine Suppe mit Reiskuchen, nicht fehlen. Dazu gibt es selbstverständlich viele weitere Köstlichkeiten.

Nach dem Mahl altern alle Familienmitglieder zusammen um ein Jahr. Denn Seollal ist auch der kollektive Geburtstag aller Koreaner. Das bedeutet, dass nicht nur Neujahr zweimal gefeiert wird, sondern auch der Geburtstag. Frohes Neues und Happy Birthday!

Eine Familie aus Seoul gedenkt mit zahlreichen Opfergaben ihrer Ahnen.

Reiskuchen
Süß oder herzhaft?
떡 tteok

Tteok ist ein Reisprodukt, das in einem aufwendigen Verfahren aus dem Mehl von Klebreis hergestellt wird. Der wie ein Marshmallow aussehende Reiskuchen gilt als eine traditionelle Süßigkeit, wird jedoch auch herzhaft serviert. Daher ist sein Name ganz schön irreführend.

Probieren Sie zum ersten Mal ein Stück Reiskuchen, bleiben Sie besser beim koreanischen Namen Tteok. Denken Sie dabei weder an Reis noch an Kuchen. Schauen Sie sich das weiße Stückchen nicht genau an. Schließen Sie die Augen und konzentrieren sich auf ihr Geschmackserlebnis. Dieses variiert nämlich stark, je nachdem, welchen Tteok Sie gerade essen. Oft wird er als Süßigkeit mit Kräutern oder Sesam verfeinert. Doch am besten schmeckt er mit einer süßen Adzuki-Bohnenpaste. In angesagten koreanischen Dessert-Cafés wird eine Vielzahl von Variationen angeboten. Meistens ist Tteok Zutat in einem leckeren Nachtisch namens Bingsu.

Eine extreme Variante ist Tteokbokki, ein Äquivalent zur deutschen Currywurst. Das feurig-scharfe Imbissgericht mit Chilisauce brennt sich über den Gaumen für immer in Ihr Gedächtnis. Vielleicht wollen Sie zunächst die mildere Version mit Käse oder Tteokbokki-Carbonara ausprobieren. Egal, was am Ende Ihre Geschmacksknospen überzeugt, Sie werden es nicht Reiskuchen nennen wollen.

Hanja
Es geht auch kompliziert
한자 hanja

Während des Königreichs Joseon löste das koreanische Alphabet Hangeul die bis dahin verwendeten chinesischen Schriftzeichen (Hanja) langsam ab. Dennoch hatten die Koreaner die vergleichsweise komplizierte Schrift der Chinesen irgendwie lieb gewonnen. So sehr, dass auch heute noch viele Zeitungen manchmal nicht ohne Hanja auskommen.

Es wird vermutet, dass über die Hälfte des koreanischen Vokabulars chinesischen Ursprungs ist. Dieser Teil der Sprache wird als Sinokoreanisch bezeichnet. Ähnlich wie beim Zahlensystem existieren koreanische und sinokoreanische Wörter parallel nebeneinander, sodass es für viele Gegenstände zwei Begriffe gibt. Die sinokoreanischen Ausdrücke werden mit chinesischen Schriftzeichen dargestellt: den Hanja. Heute werden die Zeichen oft benutzt, um die Bedeutung eines Begriffes unmissverständlich darzustellen.

Hanja finden sich in der Regel in wissenschaftlichen, traditionellen oder offiziellen Texten. Auch im Fernsehen werden sie häufig verwendet. Während ihrer Schulzeit müssen koreanische Schüler daher sehr viele Hanja-Schriftzeichen lernen. Und das obwohl das koreanische Schriftsystem so schön einfach ist.

Konglish
Konglish rocks!
콩글리쉬 konggeulliswi

Konglish sind Anglizismen beziehungsweise Scheinanglizismen und finden in der Jugendsprache sowie in der Werbung häufige Anwendung. Ältere Herrschaften lehnen sie selbstverständlich ab, und die Regierung hat Angst, dass sie die koreanische Sprache verkrüppeln.

Weil sich Konsonant und Vokal im Koreanischen meist abwechseln müssen, können englische Begriffe nicht ohne Dazudichten des Lautes *eu* (klingt wie ü mit einem breiten Mund gesprochen) transkribiert werden. Dadurch entstehen Wörter wie *aiseukeurim* (»ice cream«) oder *seuteureseu* (»stress«). Das Wort *haendeupon* entspricht sogar einem deutschen Scheinanglizismus: dem »Handy«.

Will man sich gegenseitig Mut zureden, ruft man *hwaiting* (»fighting«). Doch der Umgang mit Konglish geht noch kreativer: *Otobai* meint das »Autobike«, auch bekannt als Motorrad. Und sprechen koreanische Männer von einer *geulaemeo* (»glamor«), ist damit eine Frau mit großen Brüsten gemeint. Als *talent* werden Schauspieler bezeichnet, auch wenn damit oft nur das äußere Erscheinungsbild gemeint sein kann.

Bei allen berechtigten Bedenken vergessen Kritiker hingegen, dass Konglish aus dem Missverständnis und der Fantasie ihrer Sprecher entsteht und als kreativer Umgang mit der eigenen Sprache verstanden werden muss.

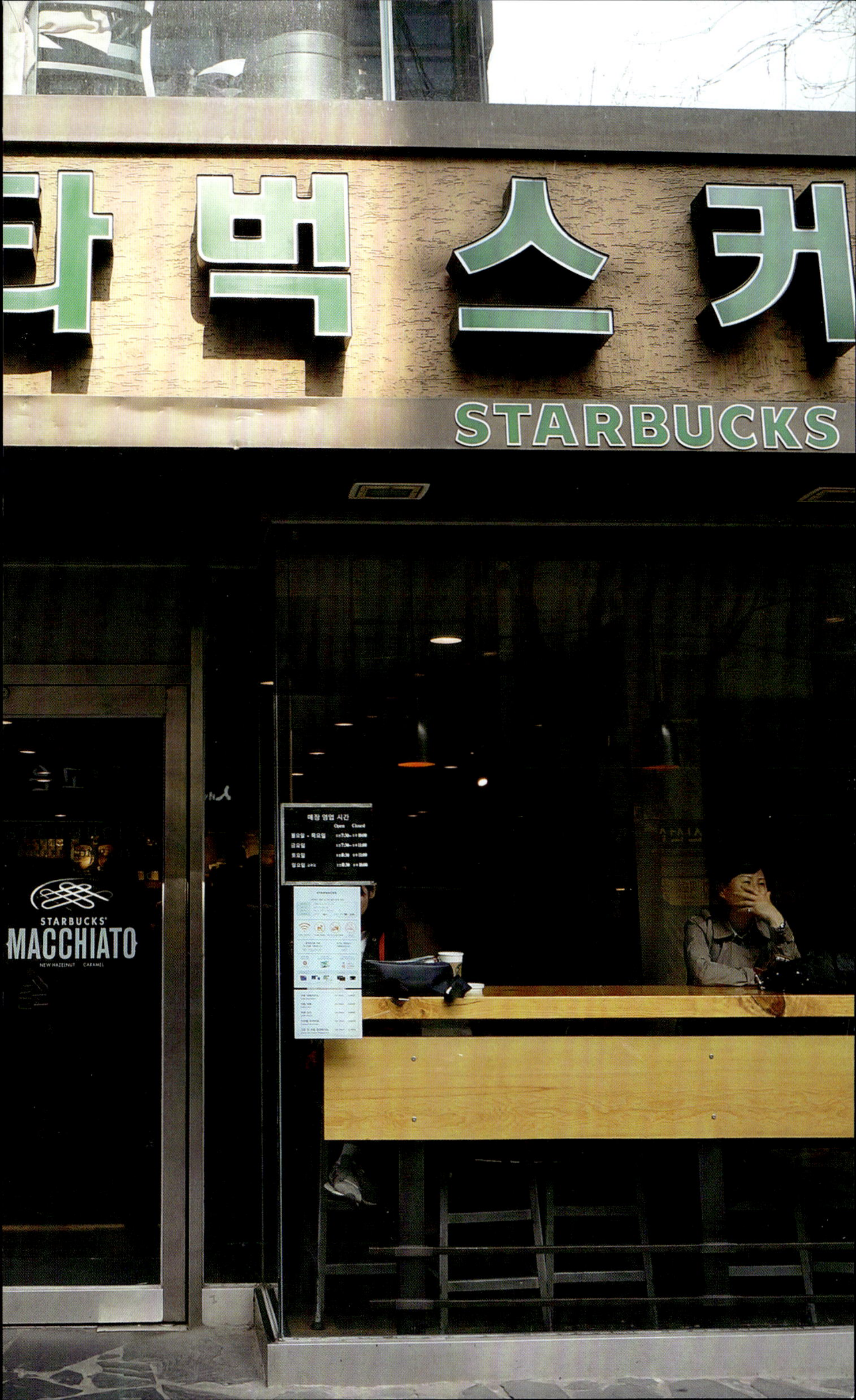

스타벅스 커
STARBUCKS

STARBUCKS
MACCHIATO
NEW HAZELNUT CARAMEL

Love Motel
Nicht nur zum Liebemachen
러브 모텔 leobeu motel

Von außen sind sie leicht zu erkennen: Der Eingang ist verspiegelt, der Parkplatz nicht einsehbar und außen an der Fassade prangt eine übergroße Neonbeleuchtung. Willkommen im Love Motel!

Ob in den Ballungszentren oder auf dem Land, jeder Ort hat seine Love Motels. Das hat praktische Gründe, denn viele lüsterne Koreaner können ihren Schwarm nicht einfach mit nach Hause bringen. Weder junge Leute, die ihre ersten Erfahrungen sammeln möchten, noch ältere Herrschaften, die für kurze Zeit ihren Ehepartner vergessen möchten.

Den Stundenhotels eilte lange Zeit ein schmuddeliger Ruf voraus, doch viele Betreiber haben sich mittlerweile von der Rotlicht-Inneneinrichtung getrennt und ordentlich nachgerüstet. Angefangen hatte alles mit einem Trend der 1990er-Jahre, als die Fassaden der Motels aufwendig zu Burgen und Märchenschlössern umgebaut wurden. Heutzutage sollen sich die Gäste statt wie Prinzessinnen lieber wie Rockstars fühlen: Ein riesiges Bett, ein Badezimmer mit Whirlpool und elektronischer Toilette sowie ein PC und ein Kühlschrank gehören in den guten Motels zum Standard. Ein übergroßer Flachbildfernseher an der Wand zeigt neben aktuellen Filmtiteln selbstverständlich auch Pornos. Dazu gibt es ein Beautypack mit Zahnbürsten, Kondomen und Streichhölzern für die Zigarette danach. Die neuesten Love Motels sind vollautomatisch und bieten einen anonymen Parkplatz mit direkten Zugang zum Zimmer.

Doch nicht immer geht es um Sex. So wie in Europa das WG-Leben, gehört das Mieten von Motels zur Jugendkultur. In zweistöckigen Motelzimmern findet eine ganze Horde Studenten zum Partymachen Platz. Andere nutzen die Räume gerne als Wohnzimmer und verbringen ein ganzes Wochenende vor Videobeamer und Playstation.

Jaebeol
Reiche Sippe
재벌 jaebeol

So etwas gibt es nur in Korea: Die Tochter eines Unternehmers, dem eine koreanische Fluggesellschaft gehört, ließ ein Flugzeug zurück zum Gate fahren. Ein Flugbegleiter hatte ihr ungefragt einen Snack angeboten, worauf sie einen Wutanfall bekam und ihn des Flugzeugs verwies.

Aufgrund der gesetzlichen Lage in Korea sind die meisten Multikonzerne familiengeführt. Vetternwirtschaft und Skandale sind keine Seltenheit. Auch große Konzerne wie Samsung, LG Group, Hyundai, SK Group und Lotte Group können sich davon nicht freisprechen.

Doch ein Leben ohne die Jaebeols, die reichen Sippen, welche die großen Unternehmen des Landes leiten, ist unvorstellbar. Mischkonzerne wie Lotte decken alle Bereiche des Lebens ab. Der Konzern wurde nach dem Charakter Charlotte aus Goethes *Die Leiden des jungen Werthers* benannt. Angefangen hatte er mit dem Verkauf von Kaugummis und anschließend das Angebot auf viele wichtige Konsumgüter ausgeweitet. Mittlerweile besitzt die Firma viele Hotels, Kaufhäuser, Freizeitparks und sogar eine eigene Burgerkette namens Lotteria.

Film
Blut und Tränen
영화 yeonghwa

Er hat eine nahezu fantastische Entwicklung hinter sich. Noch in den 1980er-Jahren diente der koreanische Film als Propagandawerkzeug der Militärregierung. Heute ist er der Abräumer auf internationalen Filmfestspielen und hat einen Marktanteil im Inland von 60 Prozent. Korea ist somit eines der wenigen Länder auf der Welt, in denen einheimische Produktionen bevorzugt werden.

Der Aufschwung des koreanischen Films fand in den 1990er-Jahren mithilfe der Finanzierung durch die Jaebeols statt. Lotte, die CJ Gruppe und das Korean Film Council produzierten einen Großteil der inländischen Filme. Diese waren zwar immer schon von Hollywood inspiriert, doch schufen sie schon früh einen eigenen spannenden Genre-Mix. Dass viele der Filme sich hierdurch nicht leicht kategorisieren lassen, macht sie für Filmfans in Europa sehr interessant. Die Streifen verdanken ihren Erfolg im Ausland ihrer exzessiven Darstellung von Gewalt gepaart mit einer Mischung aus Zorn und Traurigkeit. Jene ist selten reiner Schaueffekt, sondern Ausdruck traumatischer Geschichte, die alle Koreaner verbindet.

Filme wie *Thirst*, *I saw the devil* und *The Man From Nowhere* sind düster, bedrückend und vor allem packend inszeniert. Im Ausland am bekanntesten ist ohne Zweifel *Oldboy* von Park Chan-wook, der 2004 den Großen Preis der Jury in Cannes ergatterte. *JSA* oder *Brotherhood* sind Filme, die den Konflikt mit Nordkorea zum Thema haben und in Korea eine willkommene Abwechslung waren. Zu lange hatten die Studios auf Kassenschlager-Genres wie den Gangsterfilm oder die Romantische Komödie gesetzt.

Jüngst haben koreanische Filmemacher den Kostümfilm wiederentdeckt. Dieser kann entweder als Kampfkunst-Epos oder als Komödie inszeniert sein. Überaus erfolgreich war die in der Joseon-Dynastie angesetzte Filmserie *Detective K*. Sogar in den USA wurden die Filme in vielen Kinos gezeigt. Es bleibt nur zu hoffen, dass in Hollywood niemand auf die Idee kommt hieraus ein amerikanisches Remake zu machen.

Die Teenager-Komödie Paesyeon Wang (Fashion King) von Regisseur Oh Gi-hwan basiert auf einem sehr beliebten Webcomic, war an den Kinokassen jedoch eher ein Flop.

Busan International Film Festival
10 Tage Kunst und Kommerz
부산 국제 영화제 Busan Gukje Yeonghwaje

Das BIFF zählt zu den wichtigsten Filmfestivals in ganz Asien. Anfang Oktober sorgen jedes Jahr 900 freiwillige Helfer für einen reibungslosen Ablauf. Dann chauffieren unzählige Shuttlebusse die Festivalbesucher quer durch die Stadt.

Auf dem BIFF Square oder vor der Cinemateque Busan staunen die Besucher über die Handabdrücke von bekannten Filmstars. Dann werden sie weiter zum Busan Cinema Center gefahren. Vom Dach des pompösen Kinotempels strahlen 40.000 LED-Lichter hinab und hüllen den Platz darunter in ein waberndes Lichterspektakel. Das Zentrum wurde speziell für das BIFF gebaut. Denn das Festival ist ein wichtiges Aushängeschild für die Stadt, wenn nicht für das ganze Land.

Den Kulturbeauftragten der Stadt indes sind Regisseure wie Kim Ki-duk eher ein Dorn im Auge. Dieser beschwerte sich auf dem 2014er Festival, dass er mehrfach von Filmkritikern schlicht ignoriert worden sei. Im selben Jahr präsentierten die Regisseure Lee Sang-ho und Ahn Hae-ryong, ihre regierungskritische Dokumentation *Diving Bell*, die den Untergang der Fähre Sewol zum Thema hat. Die Aufführung konnte nur unter strengen Sicherheitsvorkehrungen durchgeführt werden. Die meisten Filmfans bekommen hiervon nicht viel mit. Stattdessen umringen sie ihre Stars, die den Weg zu einer Interview-Veranstaltung über den roten Teppich nehmen. Vor allem die jungen Nachwuchsschauspieler geben sich sehr bescheiden und antworten geduldig auf jede Frage.

Das kulturelle Rahmenprogramm des Festivals mit seinen Partys und kulinarischen Angeboten lässt die Besucher den Trubel schnell vergessen. Auch dass man eigentlich zum Filmeschauen gekommen war. Wenn die Sonne in der Küstenmetropole untergegangen und die letzte Vorstellung ausverkauft ist, dann bleibt nur noch der Gang zu einem der zahlreichen Stände. Bei Bier und koreanischem Hähnchen wird dann über Filme diskutiert, die eigentlich niemand gesehen hat.

Noraebang
Für Schreihälse
노래방 noraebang

Während eines nächtlichen Spaziergangs höre ich plötzlich lautes und wildes Kreischen aus einem der Häuser an der Strandpromenade. Ich laufe schleunigst auf die andere Straßenseite und hoffe, dass es kein Notfall ist. Durch das Fenster erkenne ich die schüchternen Studentinnen vom Nachmittag wieder. Sie hatten ganz verlegen ihre Englischkenntnisse an mir erprobt, doch jetzt lassen sie die Sau raus.

In Korea blamiert man sich nirgendwo besser als in einem der über 35.000 Noraebangs. Wörtlich übersetzt bedeutet es »Liedraum« und stellt die koreanische Variante von Karaoke dar. Im Unterschied zu seinem japanischen Vorbild wird im Noraebang in einem privaten Raum mit Freunden oder Arbeitskollegen gesungen, getanzt und gefeiert.

Ausgestattet ist das stundenweise angemietete Séparée mit leistungsstarker Karaokemaschine, Flatscreen und Diskokugel. Mit einem raumeigenen Telefon lässt sich chinesisches Essen bestellen. Im Noraebang drehen die mutmaßlich verschlossenen Koreaner den Spieß um und treiben dem staunenden Europäer bei schrägem K-Pop die Schamröte ins Gesicht. Wer so fleißig studiert und hart arbeitet, sollte sich auch bis früh morgens die Seele aus dem Leib singen dürfen.

Taxi
Bleifuß mit Hang zu Umwegen
택시 taeksi

Taxifahren in Korea ist einfach, komfortabel und günstig. Schlechte Erfahrungen mit eigenwilligen Fahrern sind selten, bleiben aber im Gedächtnis.

Mit hoher Geschwindigkeit rauschen wir an den anderen Verkehrsteilnehmern vorbei. Das Taxi ist offensichtlich auf Zick-Zack-Modus eingestellt. Der Fahrer ist ein Meister im Spurenwechel. Allerdings scheint die Richtung nicht zu stimmen. Ein schneller Blick auf die Karte erhärtet die Befürchtung. Der Fahrer will noch schnell ein paar Extrakilometer machen. Ein schüchternes Räuspern hilft hier nicht mehr. Und überhaupt dringen wir nicht zu der Aufmerksamkeit des Fahrers durch. Denn auch der Plaudermodus läuft auch Hochtouren: »Ich bin ja gar nicht von hier. Ich meine, aus Andong. Wisst ihr wie die hier sind? Wie zur Joseon-Dynastie. Zurückgeblieben. Jeder kennt hier jeden. Heutzutage wird nur noch getratscht.« Er reißt das Lenkrad rüber, fährt auf die rechte Spur und deutet auf ein verlassenes Gebäude: »Da habe ich auch mal gearbeitet, aber nicht lange, dann haben sie dichtgemacht«, jetzt lacht er so laut, dass wir vor Schreck zusammenzucken, »aber nicht wegen mir! Hahaha!« Plötzlich verstummt sein Lachen und er dreht sich zu uns um, zeigt uns seinen Unterarm. »Das tut heute noch weh. Die Narbe. Seht ihr? War ein Unfall.« Seine Stimmung schwankt so schnell wie sein Taxi über die Bodenwellen hüpft. Dann sind wir plötzlich da. Er hält an, wir bezahlen, steigen aus und er braust ohne viel zu sagen davon.

Wir schauen uns verdutzt an und beschließen, auf dem Rückweg doch wieder den Bus zu nehmen.

In Seoul sind Taxis leicht an ihrer orangenen Farbe zu erkennen. Die schwarzen sind etwas luxuriöser, kosten aber mehr.

T-Money
Die schlaue Art U-Bahn zu fahren
교통 카드 gyotong kadeu

Ein digitales U-Bahn-Ticket, mit dem man auch Bus und Taxi fahren kann? Ein System, das Ticketkauf am Automaten überflüssig macht und im ganzen Land gültig ist? In vielen Staaten ist das noch Zukunftsmusik, in Korea Alltag seit über zehn Jahren.

T-Money ist ein System zum Ticketkauf im Vorbeigehen. Dazu muss der Fahrgast nur eine aufgeladene Karte an einem Lesegerät in der U-Bahn-Station vorbeiziehen, und schon wird der Betrag abgebucht. Die Karte kann ebenso in Bussen und Taxen in fast allen Städten Koreas benutzt werden. Die Fahrten in Seoul und Busan sind sehr günstig und Senioren ab 65 Jahren fahren hier sogar umsonst.

T-Money ist mehr als nur eine elektronische Fahrkarte, es kann auch als Bargeld benutzt und als Chip in kleine Geräte oder Spielzeuge eingebaut werden. Umgekehrt können auch Kreditkarten als Zahlungsmittel an dem Lesegerät vorbeigezogen werden. Viele SIM-Karten unterstützen T-Money, sodass jede Metro-Fahrt ganz einfach mit dem Smartphone bezahlt werden kann.

Wer einmal in den Genuss dieses herrlich unkomplizierten Systems in Korea gekommen ist, auf den wartet garantiert ein größerer Wutanfall zurück am heimischen Fahrkartenautomaten.

Gimbap
Es ist kein Sushi!
김밥 gimbap

Auch wenn es fast so schmeckt wie Sushi und vielleicht so aussieht, eine Koreanerin macht es ein bisschen traurig, wenn behauptet wird, dass ihr selbstgemachtes Gimbap Sushi sei. Warum nur kennt alle Welt das japanische Sushi, hat aber von der koreanischen Variante der leckeren Reisrollen noch nie etwas gehört?

Spinat, Karotte, Gurke, eingelegter Rettich, Omelett, Sesamöl und selbstverständlich Reis werden in Seegras eingerollt und dann in mundgerechte Happen geschnitten. In Korea wird der gesunde Imbiss gerne beim Picknick, bei Freizeitaktivitäten oder unterwegs gegessen. Daher gibt es Gimbap auch an jedem Busbahnhof für nicht mehr als 2 Euro pro Portion. Gegessen wird ganz pragmatisch aus einer Alufolie mit Holzessstäbchen. Anders als sein japanischer Konkurrent, enthält der Snack in der Regel keinen Fisch.

Eine Variante mit dem Namen Chamchi Gimbap kombiniert allerdings Thunfisch, Mayonnaise und marinierte Sesamblätter. Weiterhin sehr beliebt ist Mayak Gimbap, das wörtlich übersetzt »Drogen-Gimbap« heißt. Zutaten wie Senfsauce, süßer Reissirup und Sojasauce machen dieses Gimbap unwiderstehlich. Vielleicht so unwiderstehlich, dass auch dem Rest der Welt der Unterschied endlich bewusst wird.

Landleben
Landflucht versus Stadtflucht
전원 생활 jeonwon saenghwal

Oma und Opa Park wohnen auf dem Land. Sie sind stolz darauf, vom Anbau von Gemüse und Obst ganz gut leben zu können. Ein Teil davon wird jetzt sogar biologisch angebaut. Den Überschuss der Ernte schicken sie immer an ihre Familie in Seoul. Ihre süßen, aber verwöhnten Enkel beschweren sich jedes Jahr im Spätsommer, wenn sie nur Birnen vorgesetzt bekommen.

Im Gegensatz zu seiner Frau ist Opa Park ein echter Smartphone-Profi. In einem Videochat mit seinen Enkeln scherzt er: »Was? Heute keine Birnen? Sollen wir euch noch welche schicken?« Sich eine Existenz als Landwirte aufzubauen, war nicht ganz leicht. Doch die Parks wurden bei ihrem Schritt, von der Stadt aufs Land zu ziehen, vom Staat unterstützt. Sie erhofften sich ein gesünderes Leben fern von Krach, Abgasen und Stress. Und wenn nicht gerade einer der öffentlichen Lautsprecher des Dorfes eine Wetteransage bellt, ist es hier wunderbar still.

Besonders abgelegen ist Jirisan Cheonghak-dong. Hier hatten die Menschen lange noch wie zu Zeiten der Joseon-Dynastie gelebt. Die religiösen Anhänger von Gaengjeongyudo wollen Eins mit der Natur sein und lehnen technologischen Fortschritt ab. Manche von ihnen lebten sogar in den Wäldern völlig abgeschottet vom modernen Korea. Doch nachdem Fernsehshows die öffentliche Aufmerksamkeit auf das Dorf gerichtet hatten, veränderte sich vieles. Die jungen Bewohner ziehen nach und nach weg. Diejenigen, die bleiben, tragen zwar noch einen traditionellen Hanbok, brausen aber mit Motorrollern durch die Reisfelder. Nach der Fahrt streichen sich die Jungs eitel ihre Haare im Seitenspiegel zurecht. Denn die Frisuren sind jetzt K-Pop und nicht mehr Joseon.

Korea wird älter
Geistergrundschulen
한국이 늙고 있다 hanguki neulkko itda

Die schönste Nebensache der Welt bleibt so fruchtlos wie die Versuche der Politik, wieder für Fortpflanzung zu sorgen. Wenn es so weitergeht, rollt bald Gras über Koreas Straßen, das aus Westernfilmen bekannt ist.

Verglichen mit europäischen Ländern ist die Bevölkerung im Schnitt etwas jünger. Doch durch die gestiegene Lebenserwartung und den Geburtenrückgang wird Korea immer älter. Das Land hat nach Hongkong und Macao die niedrigste Geburtenrate der Welt. Von 2013 bis 2015 hat die Regierung mit Investitionen in Höhe von unglaublichen 8 Milliarden Euro versucht, dem Bevölkerungsschwund entgegenzuwirken. Dass die bisherigen Programme als gescheitert angesehen werden müssen, wird besonders im ländlichen Bereich deutlich. Hier herrscht eine gespenstische Atmosphäre. Grundschulen liegen brach und verkommen. Die Spielplätze sind überwuchert.

Eine Schule in Gochang-gun konnte ihre endgültige Schließung durch eine eigenwillige Idee verhindern. In die erste Klasse steckte man drei junge Schüler zusammen mit zwei älteren Migranten und vier Großmüttern, die in ihrer Kindheit nicht zur Schule gehen konnten. Wie die 9 Grundschüler ihre Pausen zusammen auf dem Hof verbringen, ist allerdings nicht bekannt.

Einzige Hoffnung bleiben die unzähligen Reality-Shows, die plötzlich im koreanischen Fernsehen auf beinahe jedem Sender zu sehen sind. Witzige Kinder und glückliche Familien zeigen den Zuschauern, was sie ohne Fortpflanzung verpassen würden. Könnte es sein, dass sich ein Teil der 8 Milliarden staatlicher Förderung in die TV-Anstalten verirrt hat?

Daechung Daechung
Alles auf die Schnelle
대충 대충 daechung daechung

Daechung daechung ist der Begriff für die Vorliebe der Koreaner, alles auf die Schnelle erledigen zu wollen. Widerstände und Probleme werden zügig aus dem Weg geräumt. Dabei bleiben Pflicht, Sorgfalt und Qualität hin und wieder auf der Strecke. Das Ergebnis sind kleinere und größere Katastrophen. Manchmal sogar mit tödlichen Folgen.

Am 29. Juni 1995 stürzte in Seoul das Sampoong-Warenhaus ein. Über 500 Menschen wurden bei dem Einsturz getötet. Einige Stunden vor dem Unglück verließen die Geschäftsführer das Gebäude, nachdem Sachverständige eine Einsturzgefahr meldeten. Von einer Evakuierung sahen die Chefs jedoch ab, um nicht die Tagesumsätze zu gefährden.

Dieser Vorfall war Teil einer ganzen Katastrophenserie, bei denen Häuser und Brücken einstürzten und mehrere Gasleitungen explodierten. Verantwortlich hierfür zeigten sich schlampige Planung, billige Baumaterialien, Fahrlässigkeit und Korruption.

Durch diese Tragödien misstrauisch gewordene Experten stellten während der Bauphase des Lotte World Premium Towers Risse an den Säulen fest. Die Kritiker trauten ihren Augen nicht, als sie in der Zeitung lesen mussten, dass die mutmaßlichen Risse nur zu Dekorationszwecken angebracht worden waren. Das behaupteten die Bauherren in einem Interview. Wahrscheinlich wollten die Verantwortlichen auf die Schnelle alle Bedenken beiseiteschaffen, sonst wäre ihnen sicher eine bessere Ausrede eingefallen.

Eingestürzt ist der Lotte World Premium Tower bisher nicht, und auch die Kritiker sind mittlerweile verstummt. Im Frühjahr 2017 wurde das Gebäude offiziell eröffnet und ist mit 555 Metern eines der höchsten der Welt.

Hier durfte nichts schiefgehen: Der Lotte World Premium Tower wird gebaut.

Kino
Blockbuster vor dem Frühstück
영화관 yeonghwagwan

Neben kleinen Arthouse-Lichtspielhäusern überwiegen hochmoderne Multiplex-Kinos mit exzellenter Technik in Korea. Am bekanntesten sind Megabox, CGV oder Lotte Cinema. Die meisten Koreaner reservieren sich Karten über ihr Smartphone und holen sie dann an einem Automaten ab. Denn viele der Filmtheater verfügen gar nicht mehr über eine herkömmliche Kasse.

Selbstverständlich können die Karten am Automaten auch spontan gekauft werden. Für Unentschlossene werden auf dem Display noch einmal die aktuellen Trailer gezeigt. Da die Top 10 oft von koreanischen Filmen bestimmt sind, läuft nicht in jedem Kino eine größere Auswahl internationaler Produktionen. Anders als zum Beispiel in London gibt es in Seoul nahezu keine Beschränkungen was die Vorführzeiten angeht. Filmfreunde können von früh morgens bis spät in die Nacht ins Kino gehen. Auch das Popcorn-Angebot ist hier breiter gefächert. Hungrige Cineasten haben die Auswahl zwischen Käse-, Karamell- oder Zwiebelgeschmack. Am beliebtesten ist allerdings Tintenfisch mit Butter. Das schmeckt sogar Kinobesuchern, die sonst gar keine Meeresfrüchte mögen.

Was in Europa nur in Freizeitparks funktioniert, ist in koreanischen Multiplexkinos Standard: Die vierdimensionale Filmvorführung. Bei dem 4DX-System von CGV wackeln die Sitze, spritzt Wasser, weht Wind und sogar Gerüche steigen den Zuschauern in die Nase.

Einen absoluten Superlativ stellt das neue Cinema im Lotte World Tower dar. Der größte Saal in dem Kino verfügt zwar über »nur« 622 Sitze, dafür ist die Leinwand des Saals offiziell die größte Leinwand für 35-mm-Projektionen der Welt: Sie misst 34 mal 13,8 Meter!

Strände
Badespaß für Nichtschwimmer
해변 haebyeon

Wenn es im Sommer oft mehrere Wochen über 30 Grad warm ist, hilft nur die Flucht zum Strand. An den beliebtesten Stränden wird dann oft um die besten Plätze für das Handtuch gekämpft, doch auch während der anderen Jahreszeiten ist viel los an Koreas Stränden.

Da viele Koreaner nicht schwimmen können, patrouillieren an den meisten Stränden pflichtbewusste Rettungsschwimmer. Falls die See zu gefährlich werden sollte, machen sie durch Sirenen oder wilde Buggyfahrten entlang des Strandes hierauf aufmerksam. Für Verwirrung sorgen immer wieder ausländische Touristen, die dann scheinbar demonstrativ im Wasser bleiben. Diese wiederum wundern sich oft über Koreaner, die in T-Shirts und Hosen ins Wasser gehen und auf keinen Fall braun werden möchten.

Von Seoul aus ist die Westküste am schnellsten zu erreichen. Das Wasser ist hier ruhig und die Brandung verhältnismäßig flach. Koreas berühmtester Strand ist Haeundae, der Schauplatz des gleichnamigen Katastrophenfilms. Ein gefährlicher Tsunami ist an dem Strand, der direkt an die Stadtmitte von Busan grenzt, allerdings nicht zu erwarten.

Etwas stürmischer geht es an den Stränden der Insel Jeju-do zu. Vor allem Windsurfer kommen hier jede Saison auf ihre Kosten. Die subtropische Insel beherbergt auch den schönsten Strand des Landes: Hyeopjae Beach, ein malerischer weißer Sandstrand in atemberaubender Kulisse. Abgesehen von den Inselstränden gilt die Ostküste als am faszinierendsten. Das glasklare Meer gibt sich wild und ungezähmt und die Strände werden von wunderschönen Pinienwäldern gesäumt.

Outdoor
Wochenend-Wander-Wahnsinn
등산 deungsan

Während sich die gemütlichen älteren Herrschaften in Europa ein Kuchenstück nach dem anderen einverleiben, rennt man in Korea zum Ausgleich die Berge rauf und runter. Doch auch der soziale Wettbewerb spielt eine wichtige Rolle beim Hiking. Sehr zur Freude von Anbietern teurer koreanischer Outdoor-Marken.

Wanderer, die täglich in der U-Bahn anzutreffen sind, müssen nicht zwangsläufig auf dem Weg zum nächsten Berg sein. Denn das Wanderoutfit ist eine regelrechte Modeerscheinung geworden. Längst gehört die sportliche Bekleidung zum Casual-Look. Heutzutage kleiden sich vor allem ältere Menschen gerne in Outdoor-Marken. Dieser Trend birgt gleich mehrere Vorteile auf einmal: Zum einen können die Herrschaften knallige Farben tragen, die ihrem Alter sonst unangemessen erscheinen würden. Und zum anderen ist die Wandergarderobe erheblich bequemer als ein Anzug oder ein Kostüm. Dadurch, dass man für ein buntes Outfit gerne mehrere Tausend Euro zahlt, lässt sich hiermit auch mächtig Eindruck schinden. Ausgerüstet wie auf einer Himalaya-Expedition kämpfen die Wanderer scheinbar weniger gegen die Natur und den Alltagsstress als vielmehr um die Anerkennung ihrer Mitmenschen.

K-Pop
Stars am laufenden Band
가요 gayo

K-Pop oder in Korea auch *gayo* genannt, das sind perfekte Tanz-Choreografien, gut aussehende Stars und ein gefälliger Text in Koreanisch und Englisch. Von Korea über China, Japan und Südostasien hat die koreanische Pop-Musik auch den Rest der Welt in ihren Bann gezogen.

Was K-Pop so erfolgreich macht, ist auch gleichzeitig seine Schwäche. Vieles, was von den sogenannten *idols* gesungen wird, hört sich gleich an. Von drei großen Plattenlabels in Korea werden unter tausenden Bewerben die angehenden Superstars ausgewählt und produziert. Die Glücklichen werden zunächst in einer harten Ausbildung in Tanz, Gesang und Fremdsprachen unterrichtet. Dann erst dürfen sie in einer Boy- oder Girl-Group zeigen, was in ihnen steckt. Dabei überlassen die Plattenlabels nichts dem Zufall. Per Vertrag wird den jungen Künstlern das Führen einer Beziehung untersagt, damit sie sich voll und ganz auf ihr Training konzentrieren können. Dafür bezahlt ihnen die Firma auf Wunsch eine komplexe Schönheitsoperation – schließlich profitieren davon beide Seiten.

Die Industrie hat sich voll auf die Bedürfnisse der jugendlichen Fans eingerichtet. Angesagt sind zurzeit ausgefallene Choreografien. Das geht sogar so weit, dass zunächst die Tänze konzipiert werden, um später zu schauen, welcher Act mit welchem Song hierzu passt.

Doch nicht alles in Korea ist K-Pop. Bands wie Rollercoaster und Delispice gehören zu der entsprechend kleinen Sparte der alternativen, weniger kommerziellen Musik in Korea. Nastyona, Idiotape und allen voran 3rd Line Butterfly sind nach Meinung der Autoren die wahren Stars am koreanischen Musikhimmel.

Sänger Psy ist der inoffizielle Botschafter des K-Pop und trotzdem erfrischend anders.

Aegyo
Gucken wie ein Unschuldslamm
애교 aegyo

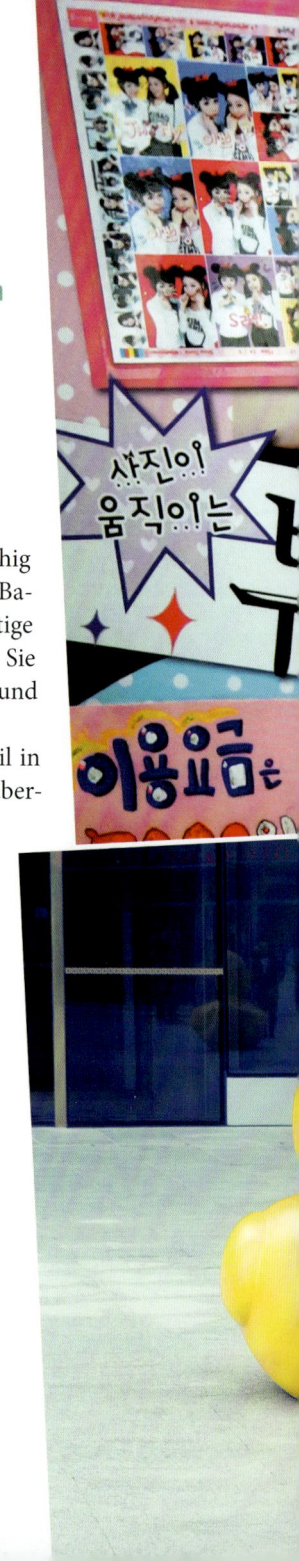

Deine koreanische Freundin ist süß, wirkt über alle Maßen unschuldig und ist sehr anhänglich? Im Minuten-Takt schlägt sie dir auf den Arm, immer wenn du etwas zu ihr sagst? Sie bewegt sich nur in tapsigen Schritten fort und bemüht sich um einen niedlichen Kulleraugenblick? Dann lautet die Diagnose: Aegyo.

Die Protagonisten des K-Pop haben Aegyo erst salonfähig gemacht: Kindliche Gestik und Mimik gepaart mit etwas Baby-Sprache in entsprechender Stimmlage. Das ist die richtige Mischung, um koreanischen Männern zu schmeicheln. Sie fühlen sich dann ganz in der Rolle des älteren Bruders und Beschützers, *oppa* genannt.

Aegyo ist weit verbreitet und ein wichtiger Bestandteil in der Beziehung zwischen den Geschlechtern. Doch ein übertriebenes Gehabe kann auch nach hinten losgehen. Eine junge Frau, die kurz zuvor den Kassierer eines Convenience-Shops zur Schnecke gemacht hat, wirkt reichlich unattraktiv, wenn sie sich jetzt in Anwesenheit ihres Schwarms plötzlich in einen niedlichen Anime-Charakter verwandelt. Insbesondere, wenn eine Rivalin vor Ort ist. Dann heißt es schnell: »Warum tust du denn auf einmal so süß?«

Nicht jeder koreanische Mann steht auf ein solches Verhalten und es hängt sicherlich davon ab, wie natürlich Aegyo zur Anwendung kommt.

Schlamm-Festival
Für Dreckspatzen
보령 머드 축제 Boryeong meodeu chukje

Jedes Jahr im Juli wird tonnenweise Schlamm an den Strand bei Boryeong ausgeschüttet. Das Festival bereitet sich auf drei Millionen Besucher vor, die sehnsüchtig darauf warten, endlich im Dreck baden zu können. Zwei Wochen lang widmen sich hier Fans aus aller Welt der Huldigung des Schlammes.

Das Herzumwälzen im Matsch hat als Marketing-Aktion für den kosmetischen Schlamm der Region angefangen und sich zu einem der beliebtesten Festivals in Korea entwickelt. Bei amerikanischen Armeeangehörigen oder ausländischen Englischlehrern ist diese Schlammschlacht besonders angesagt. Doch auch viele Koreaner genießen hier gerne ein Bad in der Pampe. In matschigen Modderpools und auf schmierigen Schlammrutschen können sie sich mal so richtig austoben. Im Schlammgefängnis eingesperrt, lassen sich die Dreckspatzen sogar freiwillig mit dem grauen Brei bewerfen. Wem das zu unzivilisiert erscheint, der versucht einfach ein hübsches Bodypainting. Selbstverständlich mit bunt gefärbtem Schlamm.

Königsmahl
Edle Schalen für den König
수라상 surasang

Das königliche Mahl Surasang bestand aus vielen verschiedenen Gerichten und Beilagen. Diese mussten für seine Majestät in zwölf Schalen serviert und auf drei Tischen verteilt werden. Das traditionelle Königsmahl hat in Korea eine Renaissance erfahren und viele Restaurants haben sich hierauf spezialisiert.

Viermal täglich bekamen der König und seine Gemahlin von seinen meist weiblichen Köchen die wohl aufwendigste Mahlzeit des Landes aufgetischt. Auf mehreren Tischen wurden nach genauen Vorgaben viele Spezialitäten aus den unterschiedlichsten Regionen des Reiches ausgebreitet. Serviert wurden die Speisen entweder in Silber- oder Bronzeschalen. Neben verschiedenen Reissorten bestand das Mahl aus gedünstetem Gemüse, Fisch und Meeresfrüchten, Suppen, Fleischgerichten, Salat und Hülsenfrüchten. Die drei wichtigsten koreanischen Saucen aus Chili, Soja, Senf und Essig rundeten den Gaumenschmaus des königlichen Paares ab. Zum Abschluss gehörte dazu ein Tee oder Fruchtpunsch.

Dem König wurden stets Speisen mit Zutaten aus allen koreanischen Provinzen zubereitet. Hierdurch war er in der Lage, die aktuellen Verhältnisse in seinem Land einzuschätzen. Das aufwendige königliche Mahl kam sozusagen auch dem Volk zugute.

Hanok
Traditionelle Häuser
한옥 hanok

Wie baut man ein Haus aus natürlichen Baumaterialien, das extremen Wetterbedingungen strotzen kann?

Die koreanische Antwort auf diese Frage ist das Hanok-Haus. Aus Naturstein, Holz, Lehm und koreanischem Papier fertigte man ein solides Haus, dessen Struktur und Grundriss den meteorologischen Herausforderungen gewachsen war. Zahlreiche Türen und Fenster sorgten für eine durchdachte Luftzirkulation in den heißen Sommern, und das beheizbare Steinfundament hielt die Bewohner in bitterkalten Wintern warm. Wer es sich leisten konnte, wählte den Ort des Hauses nach dem Pungsu- oder Yin-und-Yang-Prinzip aus, damit einer glücklichen Zukunft nichts mehr im Wege stand.

Viele der Hanok-Dörfer haben den Koreakrieg nicht überstanden, wurden jedoch teilweise wiederhergestellt und freuen sich über jede Menge Besucher während der Ferien. Bei Touristen besonders beliebt sind die Dörfer Bukchon, Yangdong und Hahoe. Letzteres wird aufgrund seiner Unberührtheit gerne als Drehort für historische Fernsehserien genutzt.

Joseonjok
Chinesisch-koreanische Außenseiter
조선족 joseonjok

Im Nordosten Chinas, an der chinesisch-nordkoreanischen Grenze, liegt der autonome Bezirk Yanbian. Hier leben knapp eine Million Joseonjok, Chinesen, deren Vorfahren aus Korea kamen. Sie sprechen Mandarin sowie Koreanisch und pflegen die Kulturen beider Länder. Mehrheitlich sehen sie keinen Widerspruch darin, Chinesen mit koreanischen Wurzeln zu sein. In Korea weiß man allerdings nicht so recht, was man von ihnen halten soll.

In mehreren Wellen immigrierten die Ahnen der Joseonjok von Korea nach China: Gegen Ende der chinesischen Qing-Dynastie, zu Zeiten von Naturkatastrophen und während der japanischen Besetzung Koreas.

Heute hat sich dieser Trend ins Gegenteil verkehrt. Viele Joseonjok folgen dem »Korean Dream« und hoffen auf ein besseres Leben in ihrem Ursprungsland. Endlich in Korea angekommen, werden sie jedoch bitter enttäuscht. Sie müssen für weniger Geld arbeiten als Koreaner, werden in unwürdigen Unterkünften untergebracht oder sogar genötigt, am Arbeitsplatz zu schlafen. Viele Joseonjok fühlen sich diskriminiert und nicht wenige geraten ins gesellschaftliche Abseits. Nationalisten generalverdächtigen sie als Kriminelle und die Medien stürzen sich mit Vorliebe auf jedes Verbrechen, in das ein Joseonjok verwickelt ist. Nachdem auf vielen chinesischen Internetseiten darüber berichtet wurde, fürchten einige Koreaner um ihr Ansehen in China. Mittlerweile setzen sich auch koreanische Politiker vermehrt für die Joseonjok ein.

Flüchtlinge
Eine lange Reise in die Freiheit
새터민 saeteomin

Viele Nordkoreaner riskieren ihr Leben beim Versuch, die Volksrepublik zu verlassen. Südkorea bietet ihnen Asyl und staatliche Unterstützung, doch den Weg über die schwer bewachte Grenze zum Süden können die Flüchtlinge nicht gehen. Sie müssen daher einen Umweg von mehreren Tausend Kilometern machen.

Über den Yalu-Fluss, der China und Nordkorea voneinander trennt, fliehen sie über die Grenze. In China angekommen, sind sie allerdings noch nicht sicher. Sollten sie hier entdeckt werden, droht ihnen die Ausweisung und somit ein Leben in einem der brutalen Umerziehungslager Nordkoreas. Daher verstecken sie sich bei Schleusern, die ihnen helfen, nach Südkorea zu gelangen. Leider gibt es unter den vermeintlichen Helfern auch Kriminelle, die es auf junge Nordkoreanerinnen abgesehen haben, um sie zur Prostitution zu zwingen. Nach ihrer geglückten Flucht berichten Nordkoreaner von einer anstrengenden Reise quer durch die kommunistischen Staaten China, Laos oder über Vietnam bis nach Thailand. Erst dort ist das gefährliche Versteckspiel beendet.

Endlich in Südkorea angekommen, müssen die nordkoreanischen Flüchtlinge zunächst ein Verhör des NIS, dem südkoreanischen Geheimdienst, über sich ergehen lassen. Die Befragungen können bis zu zwei Monate dauern. Im Anschluss dürfen sie ein Programm durchlaufen, welches auf das Leben im Kapitalismus vorbereiten soll. Manche durchleiden in der Tat einen heftigen Kulturschock. Nach der Schulung gewährt die Regierung ihnen automatisch die südkoreanische Staatsbürgerschaft und eine finanzielle Unterstützung. Flüchtlingen unter 35 Jahren finanziert der Staat 50 Prozent der Studienkosten, wobei die andere Hälfte von der jeweiligen Universität übernommen wird.

Im Fernsehen treten neuerdings viele Flüchtlinge auf. Mit viel Humor wird in diesen Sendungen über das Leben im Norden gesprochen. Doch hinter den lachenden Gesichtern verbergen sich zumeist sehr traurige Geschichten. Die Mehrzahl der Nordkoreaner zieht es folglich vor, nicht erkannt zu werden. Sie vermeiden ihren nordkoreanischen Dialekt und bemühen sich, wie ein echter Seouler zu klingen.

Ein Seitenarm des Yalu-Flusses trennt China (links) und Nordkorea (rechts) voneinander.

Homo Hill
Schwule und Lesben in Korea
동성애 Dongseongae

Männer halten in der Öffentlichkeit Händchen oder sie schrubben sich in der Sauna gegenseitig ab. Was in den westlichen Kulturen als »schwul« gilt, hat in Korea meist nichts mit Homosexualität zu tun.

Es gibt nicht viele Orte in Korea, an denen man eine echte Schwulenszene erleben kann. Im Grunde beschränkt sich das auf die Hafenstadt Busan und das Ausländerviertel Itaewon in Seoul. Itaewons berühmt-berüchtigter Homo Hill ist mit seinen Bars und Kneipen die beste Adresse. Hier können sich die *iban*, die Schwulen, Lesben und Transsexuellen, im manchmal etwas verklemmten Korea austoben und die Nacht zum Tag machen.

Vor einigen Jahren behaupteten einige konservative Stimmen noch, dass es keine Homosexualität in Korea gäbe und es sich hierbei um eine aus dem Ausland eingeschleppte Krankheit handeln würde. Glücklicherweise hat sich seit dem viel verändert und die Gesellschaft ist offener geworden. Trotzdem gibt es in Korea nach wie vor kein Antidiskriminierungsgesetz und Homosexualität steht beim Militär unter Strafe. Wer bei der »gegenseitigen Vergewaltigung« erwischt wird, dem drohen bis zu 12 Monate Haft. Dass der Liberalisierungsprozess ein schleppender ist, liegt an den traditionellen Werten der Gesellschaft. Den Familienstammbaum weiterzuführen gilt als eine konfuzianische Pflicht. Ein Coming-out ist daher immer noch mit großen sozialen Schwierigkeiten verbunden. Das musste auch Hong Seok-cheon, ein beliebter Schauspieler und Entertainer, erfahren. Nach seinem »skandalösem Statement« wurde er von seiner Fernsehanstalt gefeuert und geriet für mehrere Jahre ins Abseits.

Erstaunlicherweise konnte er später wieder ins TV-Geschäft zurückkehren, und das sogar mit einer Sendung über Homosexualität.

Die Penise von Haesindang
Entspannen im Penispark
해신당 공원의 고추 haesindang gongwonui gochu

Nahe einem kleinen Dorf an der koreanischen Ostküste strecken sich die Skulpturen von erigierten Penissen in die Luft. Das Licht der untergehenden Sonne umspielt die Konturen der Eicheln, welche imposante Schatten auf den Boden werfen. Kaum zu glauben, dass sich im sonst recht prüden Korea ein ganzer Park der Ausstellung von Penisskulpturen widmet.

Der skurrile Peniskult von Haesindang geht auf eine uralte sowie hanebüchene Geschichte zurück: Als die Jungfrau Aerang gedankenlos ein Bad im Meer nahm, wurde sie von einem Sturm überrascht. Hohe Wellen trugen sie hinaus in die stürmische See und jede Hilfe kam zu spät. In den darauffolgenden Tagen klagten die Fischer immer wieder darüber, dass ihre Netze leer blieben und der ruhelose Geist von Aerang dafür verantwortlich sei. Die Dorfbewohner befürchteten bereits zu verhungern, als eines Nachts ein Betrunkener dem Meer seinen Penis zeigte. Dies stimmte Aerang offensichtlich gnädig und die Fischer freuten sich wieder über gute Fänge. Um für die Zukunft ganz sicherzugehen, schnitzten die Dorfbewohner aus großen Holzstämmen Penisskulpturen und stellten diese auf einen Hügel an der Küste. Vom Meer aus konnte Aerang seit diesem Tage stets einen Blick auf formschöne Penise werfen, wenn ihr danach war.

Heute kommen viele Koreaner mittleren Alters in Reisebussen nach Haesindang, um kichernd durch den Penispark zu laufen und peinlich berührt einige Fotos zu schießen. Da das nahe gelegene Städtchen Samcheok touristisch nicht viel zu bieten hatte, hielt man es für eine gute Idee, jedes Jahr ein aufwendiges Penisskulpturen-Festival zu feiern. Die Rechnung ging jedoch nicht auf, denn empörte Christen sorgten eifrig für ein jähes Ende des Penisprogramms.

Mode
Verdammt gut aussehen
유행 yuhaeng

Wie vieles andere entwickelt sich auch die Mode in Korea rasend schnell. Die Röckchen der K-Pop-Stars scheinen immer kürzer zu werden. So kurz, dass die nackten Beine in manchen Talkshows zum Schutz der Zuschauer unter einer Decke versteckt werden müssen.

Ein gutes äußeres Erscheinungsbild war schon während der streng-konfuzianischen Joseon-Dynastie wichtig. Normalsterbliche trugen hauptsächlich weiße Kleidung, während sich die herrschende Klasse nach der Obangsaek-Farbphilosophie kleidete. Diese Farbkombinationen finden sich trotz der ständig wechselnden Trends im heutigen Korea wieder.

Die Fashion der Jugend wird von ihren *idols*, den K-Pop-Stars und Seriendarstellern, bestimmt. Doch auch die konservative Mode der Geschäftswelt wird von Trends aus Film und Fernsehen beeinflusst. Lange Zeit waren schlichte, eng geschnittene schwarze Anzüge in, jetzt sind es vornehmlich dunkelblaue. Doch egal für welchen Look sich Koreaner entschieden haben, es muss gut aussehende Markenware sein. Selbst für Kleinkinder wird tief ins Portemonnaie gegriffen, um sie im Winter mit einer teuren Outdoor-Jacke einpacken zu können.

In ganz Asien haben die Koreaner den Ruf, einen sehr guten Modegeschmack zu haben. Chinesen sowie Japaner jetten gerne nur zum Shoppen nach Korea. Der Dongdaemun Market in Seoul ist einer der wichtigsten Mode-Hotspots des Landes. In tausenden Modeläden und dutzenden Kaufhäusern stöbern Trendsetter, Fashion Victims und Tante Kim bis spät in die Nacht nach der neuesten Mode.

Paare
D-Day-Wahn und Partnerlook
커플 keopeul

Auf den ersten Blick sehen sie eher wie Geschwister aus: junge koreanische Paare im Partnerlook. Ob Schuhe, Hosen oder Oberteile, alles muss zum Partner passen. »Couple Look« heißt das Outfit, das Liebespaare zu Zwillingen macht. Es ist eine spaßige und farbenfrohe Art, anderen zu zeigen, dass man zusammengehört.

Ein wichtiger Tag wird in Korea D-Day genannt. Dazu gehört auch der 50. Tag der Beziehung, der entsprechend gefeiert werden muss. Genauso wie der 100. und 200. Tag. Zusätzlich gibt es an fast jedem 14. Tag eines Monats ein Geschenk für Schatzi. Bei so vielen wichtigen Tagen kommt ein Paar schnell durcheinander. Glücklicherweise erinnert eine App an all die Verpflichtungen. Das Programm ist eine Art soziales Netzwerk für traute Zweisamkeit. Es kann Geschenke vorschlagen und auch gleich anzeigen, wo es diese zu kaufen gibt.

Da koreanische Paare meist bis zur Hochzeit bei ihren Eltern wohnen und ihren Partner nicht einfach nach Hause mitbringen können, müssen sie in Couple-Cafés oder Motels für ihre Privatsphäre bezahlen. Der finanziellen und sozialen Belastung wollen sich nicht alle jungen Leute aussetzen. Diese Generation der 20- bis 30-Jährigen ist als *samposedae* bekannt und verzichtet grundsätzlich auf Beziehungen.

Shopping
Kaufrausch im Untergrund
쇼핑 syoping

Im kauffreudigen Korea gibt es nichts, was es nicht gibt. Bis in die Nacht haben die Geschäfte geöffnet, in denen eine Rabattaktion die nächste jagt. Bei so vielen Angeboten fragt man sich schnell, ob es überhaupt jemals einen Normalzustand gab.

Koreaner lieben es, ihr schwer verdientes Geld in Einkaufzentren auszugeben. Allerdings aus gutem Grund. Unter einem koreanischen Einkaufszentrum darf man sich nämlich kein altbackenes Kaufhaus vorstellen, wie es sie noch in Deutschland gibt, sondern einen Komplex mit Restaurants, Cafés, Supermarkt (inklusive Hundewelpen-Abteilung), Kongresszentrum, Kino, Hotel und sogar mit Aquarien (inklusive Haibecken). Einige dieser Konsumtempel sind, wie die COEX-Mall in Seoul, komplett unter die Erde gebaut.

Doch auch die Unterführungen, welche die U-Bahn-Stationen miteinander verbinden, beherbergen eine Vielzahl von Geschäften und Convenience-Shops. Während der Monsunzeit entgeht man der Sintflut am besten, wenn man hier einkauft. Zu allen anderen Jahreszeiten ziehen es Tageslichtfreunde vor, sich in Hongdae von den Waren auf der Straße inspirieren zu lassen. Da die Geschäfte bis spät in die Nacht geöffnet haben, geht das auch im Mondlicht, sollte man unbedingt die Sonne meiden wollen.

Ramyeon
Geht schnell und brennt im Mund
라면 ramyeon

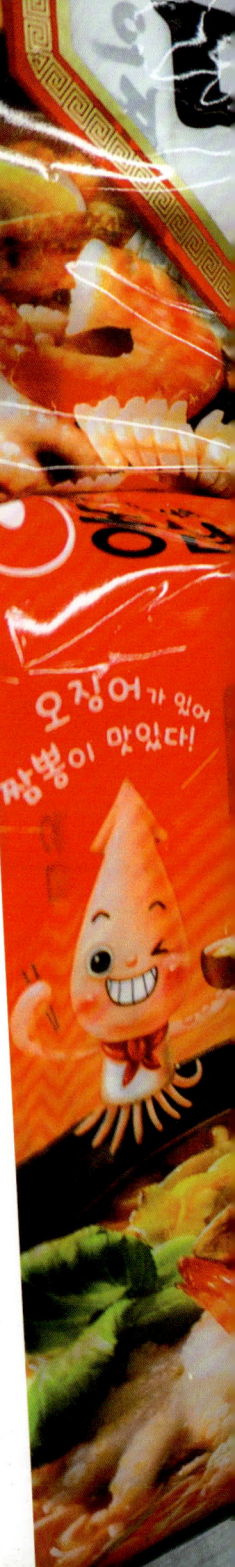

Ramyeon fanden ihren Weg von China nach Japan und sind in Korea vor allem als Instantnudelsuppen bekannt. Die Geschmacksvielfalt ist schier endlos, doch scharf sind sie beinahe alle.

Seon-mi ist aufgeregt. Sie schaut nervös aus dem Fenster, denn sie bekommt heute wichtigen Besuch. Seit acht Jahren sammelt sie beinahe besessen die Verpackungen von Instantnudeln. Vom scharfen Klassiker Shin-Ramyeon bis zur Non-fried-Alternative stellt sie in ihrem Zimmer entlang der Wand die unterschiedlichsten Verpackungsdesigns aus. Es klingelt und sie öffnet den Leuten vom Fernsehen die Tür. Einen Bericht über Instant-Ramen wollen sie machen und Seon-mi zeigt der Kamera stolz ihre Sammlung.

Auch wenn ihr Gesundheitsfaktor zweifelhaft sein mag, mehrmals jede Woche landen Ramyeon in den Schüsseln junger Koreaner. Ständig tauschen sie sich mit Freunden aus, welche Ramyeon sich gut miteinander kombinieren lassen und welche nicht. Eine typische Mischung ist Chapagetti und Shin-Ramyeon. Ein Dreamteam aus Rindfleisch mit Chili und Sauce aus schwarzen Bohnen. Neuerdings kochen Ramyeon-Freaks Chapagetti mit Neoguri, was im Internet als Chapaguri bekannt geworden ist. Chijeu-Ramyeon (Käse-Geschmack) und Ei zusammen mit Jin-Ramyeon ist so eine fixe Idee, die Seon-mi seit einiger Zeit nicht mehr aus dem Kopf geht.

Buldak Bokkeum Myeon allerdings sollte niemand mit etwas anderem als ein paar Sesamkörnern zusammenbringen. Hinter diesem langen Namen verbirgt sich der Gottkaiser unter den Instantnudeln, die feurigste Innovation des Ramyeon-Universums. Es basiert auf einem würzigen Gericht mit Hähnchen und ist selbst für Koreaner ein bisschen zu scharf. Am Mittagstisch genießen Ausländer selbstverständlich jeden Bissen mit gespielter Gleichgültigkeit, auch wenn ihnen oft nach Feuerspucken zumute ist.

Party
Brennendes Wochenende
모임 moim

Der langersehnte Feierabend am Freitag wird in Korea *bulgeum* genannt. Denn am »brennenden Freitag« geht der Überblick in den Amüsiermeilen völlig verloren. Tausende bunte Reklameschilder werben für Cafés, Bars, Clubs und Bangs. Junge Leute schieben sich aneinander vorbei und Lieferanten auf Motorrädern brausen durch die Gassen.

Damit die Partygänger in dem Gedränge nicht untergehen, suchen sie mit ihren Freunden zunächst eine Bar auf. Bei ein paar Gläsern Soju wird entschieden, wohin es als Nächstes geht. Dazu gehört auch immer etwas Leckeres zu essen. Salzstangen wären eine echte Beleidigung. Zum Bier muss es frittiertes Hühnchen und Salat sein. Oder doch direkt ein ganzes Barbecue? Ist alles verputzt, zieht die Gruppe direkt weiter zum nächsten Laden. Spät in der Nacht landen die meisten in einem der unzähligen Clubs. Die koreanische Clubszene wird von Electro und Hip-Hop beherrscht. Wer das nicht mag, widmet sich an der Karaokemaschine eines Noraebangs seinem eigenen Musikgeschmack.

Ältere Partylöwen bevorzugen den *Nighteu*, einen Nachtclub, in dem wenig getanzt, aber oft ge-speeddatet wird. Die Musik ist billig, die Getränke teuer und die Bedienung als Kuppler aktiv.

Junge Frauen, die unter sich sein möchten, gehen stattdessen in eine Bar mit Separee. Die sogenannten »Party Rooms« verfügen über eine Minibar und eine Stereoanlage. Über eine Art Gegensprechanlage wird das Essen bestellt. Es gibt nichts Besseres, um einen unvergesslichen Mädelsabend zu feiern. Die Ladys können hier völlig ungestört essen, trinken und über ganz undamenhafte Dinge lachen.

Dating
Ein Date kommt selten allein
데이트 deiteu

Hyeon-su war ein unglücklicher Single und bat Bielle, ihr einen tollen Typen aus ihrem Freundeskreis vorzustellen. Bielle dachte ein passendes Exemplar zu kennen und arrangierte ein Blind Date. Bei einem leckeren Abendessen zu Dritt wurde viel getrunken und gelacht. Doch als die beiden Frauen wieder alleine waren, beschwerte sich Hyeon-su bei Bielle: »Was fällt dir ein, diesen Typen anzuschleppen? Der sieht ja scheußlich aus und passt überhaupt nicht zu mir!«

Der spontane Flirt ist selten in Korea. Stattdessen wird darauf vertraut, dass Freunde, Bekannte oder Familienmitglieder als Kuppler aktiv werden. *Sogaeting*, das koreanische Blind Date, ist die verbreiteteste Möglichkeit, einen potentiellen Partner kennenzulernen. Auch online versuchen junge Leute jemanden zu finden, der unter Umständen für die spätere Heirat taugt.

Bei einer Variante namens »Meeting« findet sich direkt eine ganze Gruppe Singles zu einem Blind Date zusammen. Bei unzähligen Trinkspielen wollen sie herausfinden, wer zu wem am besten passt. Am Ende des Abends werden die Telefonnummern ausgetauscht.

Während eines anschließenden »Date Courses« lernen sich die Turteltauben besser kennen. Er besteht aus einer Mahlzeit, einem anschließenden Café-Besuch und endet mit einem romantischen Spaziergang. In der westlichen Hemisphäre würde nach der 3-Tage-Regel der Kontakt nun kurzfristig eingestellt werden. In Korea ist für derartige Spielchen keine Zeit. Nur wenige Stunden nach dem Date muss eine ernsthafte Zuneigung gezeigt werden. Nichts hilft da besser als so viele Kurznachrichten wie möglich zu schreiben. Je bangloser die Inhalte, desto besser.

Hostessen
Verbotene Arbeit im Rotlicht
접대부 jeopdaebu

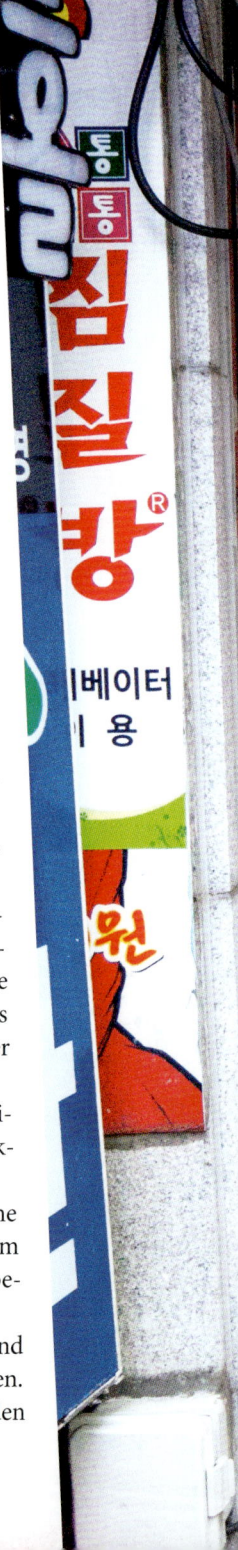

Dafür, dass Prostitution in Korea offiziell verboten ist, sind die Möglichkeiten des erotischen Vergnügens erstaunlich vielseitig.

Hostess Bar: Ein Klischee einer Hostess wäre eine junge Studentin, die eine Schwäche für Chanel hat. In einer Hostess Bar schäkert sie mit Geschäftsmännern, die sich endlich wieder begehrt fühlen möchten. Theoretisch könnte sie es beim Flirten belassen, doch weil sie sich eine neue Handtasche kaufen möchte, geht sie mit ihrem Kunden in ein Love Motel. Unter lüsternen Kunden wird dies als *i-cha* bezeichnet: »die zweite Runde«.

Kiss Bang: Wer denkt, es würde nur unschuldig herumgeküsst, ist blauäugig.

Juicy Bar: Hier arbeiten zumeist Filipinas, die überteuerte Säfte an US-Soldaten verkaufen sollen. Sie kamen nach Korea, weil sie davon träumten, Sängerin zu werden, doch jetzt werden sie zur Prostitution gezwungen.

Host Bar: Hübsche junge Männer, die in einer Host Bar arbeiten, dürfen umsonst trinken und haben die Gelegenheit, wohlhabende Frauen kennenzulernen. Mit ihrem Honorar leisten sie sich teure Pflegeprodukte und hoffen auf ein besseres Leben als Restaurantbesitzer. Mit etwas Glück gewinnen sie das Herz einer großzügigen Dame, die ihnen ihren Wunsch finanziert.

Massage Bang: Eine klassische Umschreibung für das, was eigentlich verboten ist. Auf Wunsch nimmt die Massage ein glückliches Ende.

Yuheungjujeom: In einer Karaokebar servieren hübsche Frauen jede Menge teuren Whiskey. Es kommt zwar nicht zum Sex, aber das Grapschen lassen sich die Männer ab einem bestimmten Alkoholpegel nicht mehr verbieten.

Gwicheongso Bang: Bei diesem aus Japan stammenden Trend lassen sich Männer von Frauen in Reizwäsche die Ohren reinigen. Keine besonders schmutzige Angelegenheit. Abgesehen von den Ohren natürlich.

Perverse
Männer in Trenchcoats
변태 byeontae

Korea ist ein verhältnismäßig sicheres Land. Gewalt, Vandalismus und Raubüberfälle kommen wesentlich seltener vor als in anderen Industriestaaten. Die Statistik der Sexualstraftaten ist allerdings erschreckend angestiegen. Koreanische Boulevardmedien haben mittlerweile eine ausgesprochene Schwäche für Berichte über Vergewaltiger und Triebtäter entwickelt.

Während der morgendlichen Rushhour ist die Gefahr, von Perversen begrapscht zu werden, am höchsten. Die Täter nutzen das Gedränge in überfüllten U-Bahnwaggons, um ihren Trieben nachzugehen. Aus Scham sieht vermutlich ein hoher Anteil der betroffenen Frauen von einer Anzeige ab.

In den warmen Monaten, wenn viele Mädchen in kurzen Röcken zur Schule fahren, steigt die Zahl der Übergriffe stark an. Auf Rolltreppen laufen Frauen zusätzlich Gefahr, von hinten mit einer Handykamera gefilmt zu werden. Um ein solches Verhalten zu unterbinden, hat die Polizei in U-Bahnstationen Verbotsschilder anbringen lassen. Außer, dass diese unfreiwillig komisch wirken, haben sie wohl keinen nennenswerten Effekt.

Manche Männer ziehen als *babari man* umher. Was sich nach einer Art Superheld anhört, sind in Wahrheit gefürchtete »Trenchcoat-Männer«, die sogar am helllichten Tage ihr exhibitionistisches Unwesen treiben.

Fernsehen
Der Dummkopfkasten
텔레비젼 tellebijeon

Obwohl die geschäftigen Koreaner gar nicht dazu kommen, viel fernzusehen, haben sie fast alle einen gigantischen Flatscreen-Fernseher im Wohnzimmer stehen. Bei einigen Familien läuft er im Dauerbetrieb und sorgt so für das ganz normale häusliche Hintergrundrauschen.

Das koreanische Fernsehprogramm könnte nicht kontrastreicher sein: Neben den großen Sendern wie KBS, MBC und SBS gibt es Kanäle mit religiösen Inhalten sowie Sender, die Tag und Nacht Videospiele übertragen. Emotionale Daily Soaps und Comedyshows sind die meist konsumierten Ausstrahlungen.

Die zurzeit beliebteste Sendung ist *Muhan Dojeon*, auch *Infinite Challenge* genannt. In dieser Show müssen prominente Comedians mehrere absurde Aufgaben lösen. Je übertriebener ihre Reaktion ist, desto lustiger wirkt es auf den Zuschauer. Ist eine Szene besonders komisch, wird sie mehrmals schnell wiederholt. Doch das ist nicht der einzige Effekt, der koreanische Fernsehsendungen so außergewöhnlich macht. Mit comichaften Texteinblendungen, künstlichen Lachern, Geräuscheffekten und witzigen Grafiken sparen die Regisseure nicht. Da selbst die Spots in den Werbeunterbrechungen an kreativem Wahnsinn nicht zu überbieten sind, macht es Spaß, allein deshalb den *babo-sangja* (»Dummkopfkasten«) einzuschalten.

Internet
Das schnellste der Welt
인터넷 inteonet

> Früh hat die Regierung in Seoul die Wichtigkeit einer schnellen Internetverbindung erkannt und seit jeher die Entwicklung aktiv unterstützt. Das Internet in Korea ist das schnellste der Welt.

Während in Europa der Ausbau der Glasfasernetzwerke noch in den Kinderschuhen steckt, surfen bereits über 50 Prozent der Koreaner mit dem schnellen FTTH (kurz für *Fibre To The Home*). Daher ist die durchschnittliche Verbindungsgeschwindigkeit hier doppelt so hoch wie in den meisten anderen Industriestaaten.

Doch der Surf-Spaß hört spätestens beim Einkaufen im Netz auf. Korea hat in den 1990er-Jahren als eines der ersten Länder das Internetshopping und Online-Banking sicher gemacht. Hierzu musste aber ein eigenes System geschaffen werden, dass sich bis heute nicht geändert hat. Daher wird für einige Online-Aktivitäten eine veraltete Version von ActiveX und Internet Explorer benötigt. Ironischerweise muss dieser Nachteil durch weitere, aktuellere Software ausgeglichen werden. Zum Bezahlen oder Überweisen im Internet müssen Nutzer deswegen unzählige Sicherheitsprogramme installieren, die ihren PC belasten und verlangsamen. Erst seit Kurzem ist dies bei einigen koreanischen Banken nicht mehr notwendig.

Auch was Websuche und soziale Netzwerke angeht, ist Korea ein Sonderling. Google und Facebook spielen hier keine große Rolle. Mit einem Marktanteil von circa 80 Prozent ist die Suchmaschine www.naver.com Koreas wichtigste Webseite. Da öffentliche Kritik in der koreanischen Gesellschaft einen Tabu-Charakter hat, findet auf den Webseiten und Blogs ein reger Austausch statt. Netizens haben online einen so großen Einfluss auf die Gesellschaft, dass bereits viele Menschen zu Opfern von Verleumdungen wurden. Die Behörden reagieren mit Aufklärungskampagnen, die bisher wenig erfolgreich waren. Zusätzlich manipulierte und zensierte der Staat lange Zeit das Web, um sich vor ungewollter Kritik und wirtschaftlichen Nachteilen zu schützen.

Humor
»Dein Gesicht ist Made in China, haha!«
유머 yumeo

Politisch korrekt ist der koreanische Humor ganz sicher nicht. Gerne wird über dicke, kleine oder zu große Menschen gelacht. Wer nicht dem Schönheitsideal entspricht, der muss vieles über sich ergehen lassen. Richtig verübeln kann man es ihm aber nicht. Dazu ist der koreanische Humor viel zu verspielt und kindisch.

Im koreanischen Fernsehen wimmelt es vor Comedy-Sendungen, die zum Großteil sehr albern und possenhaft wirken. Als einer der beliebtesten Shows gilt *Gag Concert*, bei der man sich unter anderem über die Eigenwilligkeiten von Prominenten lustig macht. Mit viel Körperlichkeit werden Stereotypen aus der Gesellschaft imitiert und mit einer ordentlichen Prise Slapstick versehen. Das Tolle daran ist, dass auch Zuschauer ohne Koreanischkenntnisse viele der Gags verstehen können. Ausgenommen sind davon natürlich Wortmalereien, Veralberungen von Dialekten und Wortspiele. Letztere beschäftigen sich gerne mit ganz Alltäglichem wie Körperausscheidungen.

Gleichwohl findet man in Korea auch sehr unschuldige Dinge lustig, zum Beispiel süße Kinder. Wenn ein neunmalkluger kleiner Junge plötzlich Angst vor dem Onkel Doktor bekommt, kriegen sich Koreaner vor Lachen nicht mehr ein.

KakaoTalk
Koreas beliebteste App
카카오톡 KakaoTalk

Der Instant Messenger KakaoTalk befindet sich auf beinahe jedem koreanischem Handy. Junge sowie ältere Nutzer können einfach nicht mehr auf die vielen Funktionen der App verzichten.

Über KakaoTalk können Koreaner sich gegenseitig Kurznachrichten schicken und kostenlos Telefonate führen. Als Ergänzung nutzen sie das soziale Netzwerk KakaoStory (kurz KaSeu), das den ehemaligen Marktführer Facebook ins Abseits gedrängt hat. Da die meisten Nutzer bereitwillig ihre privaten Daten hergaben, wurde der koreanische Geheimdienst zeitweise zu einem neugierigen Lauscher im Netzwerk. Nach einem nationalen Abhörskandal stiegen einige Nutzer auf sichere Alternativen um.

Jihachul ist eine weitere sehr beliebte App in Korea. Mit ihr lassen sich sämtliche U-Bahn-Verbindungen im Land anzeigen und individuell planen. Nicht weniger nützlich ist Syrup, das ähnlich wie iBeacon auf einem Sender-Empfänger-Prinzip basiert. Hierdurch sind die Nutzer in der Lage, automatisch an allen interessanten Rabattaktionen teilzunehmen.

Die App Yogiyo findet die besten und schnellsten Food-Lieferservices in der Umgebung, um die Energie wieder aufzufüllen, die bei dem wilden Herumgetippe auf der Handytastatur verloren gegangen ist.

K-Drama
Turbo-Produktionen
드라마 deurama

Ein spielsüchtiger Betrüger behauptet, der seit langem verschollene Bruder einer wohlhabenden Blinden zu sein. Im Laufe der Serie verlieben sich die beiden. Er hört auf zu spielen und sie kann plötzlich wieder sehen.

That Winter, The Wind Blows von 2013 ist ein typische koreanische TV-Serie, K-Drama genannt. Inhaltlich geht es oft um moralische Werte und Familienverbundenheit. Daher war in Korea *Wanggane Siggudeul* (»Familie Wang«, 2014) eine der am meisten geschauten Serien überhaupt. Anders als in Serien westlicher Länder, sind die Darstellungen weniger drastisch. Manche behandeln eine traumhafte Romantik, die den Zuschauer kurzfristig die Realität vergessen lässt. Aus diesen Gründen sind K-Dramen auch international erfolgreich.

K-Dramen werden lediglich als Miniserien ausgestrahlt. Nach einer Staffel ist meistens schon Schluss. Dafür ist ihre Qualität oft höher als die der Produktionen anderer Länder. Während die erste Folge im TV gezeigt wird, arbeitet das Team noch an der nächsten. So haben die Macher noch die Möglichkeit, die Zuschauerreaktionen zu berücksichtigen. Die Darsteller sind oftmals K-Pop-Stars und können den Soundtrack gleich mitliefern. Zwar bekommen sie eine fünfmal höhere Gage als ihre US-Kollegen, doch die Arbeit am Set ist ein echter Knochenjob. Von einem Dreh geht es zum anderen und an Schlaf ist kaum zu denken. Manche sollen sich in den Pausen sogar schon an einen Tropf gelegt haben.

Während das dramatische Schreiben in den USA eine vergleichsweise undankbare Aufgabe ist, sind Drehbuchautoren in Korea echte Berühmtheiten. Der Erfolg von der Autorin Kim Soo-hyun geht sogar so weit, dass sie sich bei der Auswahl von Schauspielern über Produzenten und Regisseure hinwegsetzen kann. Sollten US-Autoren davon Wind bekommen, würden sie vor Neid glatt erblinden.

Eine Grundschulklasse besucht einen Seriendrehort in Suncheon.

Hongdae
Absolut Kult
홍대 앞 hongdae ap

Das Herz der koreanischen Pop- und Indie-Kultur ist ohne Zweifel Hongdae in Seoul. Den Namen hat das Szene-Viertel von der Hongik-Universität für Bildende Kunst. Anfangs zog es wegen der nahegelegen Uni und der günstigen Mieten viele Musiker und Künstler hierher.

Heute ist Hongdae eine Partymeile mit vielen Bars, Clubs und Openair-Events. Auf dem Indie Band Festival lauschen Koreaner echten Underground-Bands, und auch der Live Club Day kommt mit Rock, Electro, Jazz und Hip-Hop fast ganz ohne K-Pop aus. Eindrucksvolle Kunstgalerien, inspirierende Designläden und Hongdaes berühmte Street-Art machen den individuellen Charme des Viertels aus. Trends wie BBQ-Restaurants mit Campingeinrichtung oder gemeinsames Puppenanmalen kommen und gehen, der Noliteo hingegen bleibt. Das ist der Spitzname des Hongik-Kinderparks, auf dem nachts Koreaner das Tanzbein schwingen oder sich über kostenlose Konzerte freuen. Samstags verkaufen hier Künstler während des Free-Markets ihre Werke.

Da Hongdae auch wegen seiner exklusiven Shops und Modegeschäfte beliebt ist, kommt das Viertel eigentlich nie zur Ruhe.

Mittlerweile sind viele Künstler in die Nachbarschaft umgezogen. Das neue Szene-Viertel heißt jetzt Yeonnam-dong.

Eine Hip-Hop Crew zeigt auf dem Noliteo in Hongdae, was sie draufhat. Vor dieser perfekten Kulisse kann bei der Performance eigentlich nichts schiefgehen.

Fusion-Restaurants
Kulinarische Schmelztiegel
퓨전 레스토랑 pyujeon reseutorang

Auch wenn ihre Küche extrem vielseitig ist, Koreaner sind sehr offen für Neues und bauen westliche Speisen gerne in die eigene kulinarische Kultur ein. Auf der Basis gängiger Speisen werden manchmal sogar etwas verrückte Gerichte kreiert. Bei der Auswahl eines Fusion-Restaurants folgen Koreaner bevorzugt den Empfehlungen von Food-Bloggern. Trendsetter sind hierbei wie so oft die Stars der Popkultur.

Besonders amerikanische, europäische und japanische Einflüsse finden verstärkt Einzug in die Fusionsküche Koreas. Die Bandbreite reicht von frittiertem Hähnchen mit Chili und Käse über Pizza mit koreanischen Toppings bis hin zu Fingerfood à la Chicken Carbonara. Wo auch immer die westliche Küche mit der koreanischen fusioniert, dürfen landestypische Beilagen nicht fehlen. Das zeigt ein Blick in das Menüangebot der Burgerkette Lotteria: Hier steht der Bulgogi-Burger ganz oben auf der Liste.

Auch Mexiko darf seinen Beitrag leisten: Das Fusion-Restaurant Grill5taco bietet seinen Gästen Burritos mit Chilipaste, scharfer Mayonnaise und koreanischem Grillfleisch. Dazu werden leckere Quesdillas mit Kimchi serviert. Andere Lokale kredenzen frischen Tofusalat, koreanisches Barbecue mit Erdnusssauce oder Pasta mit Meeresfrüchten in Tintenfisch-Cremesauce.

Vegane Restaurants in Seoul warten mit ihren eigenen speziellen Kreationen auf. Doch was heute auf den koreanischen Blogs als innovativ, lecker und angesagt gilt, kann morgen schon unsagbar out sein. Manche Restaurants können sich daher nur wenige Jahre halten. Scharfsinnige Inhaber eröffnen ihr Lokal daher im Fünfjahreszyklus mit einem aktuellen Trendkonzept immer wieder neu.

Cafés
An jeder Ecke
카페 kape

Es ist kaum zu glauben, aber in Seoul gibt es vermutlich mehr Cafés als in New York oder Paris. Auch in den meisten anderen Großstädten des Landes findet man an fast jeder Ecke ein Café. Viele haben bis spät in die Nacht geöffnet und sind gut besucht. Doch trinken Koreaner wirklich so gerne Kaffee?

Die Antwort ist eigentlich ganz einfach. Koreaner treffen sich nicht bei jemandem zu Hause, und allein bleiben möchten sie auch nicht. Das Café ist der perfekte Ort für soziale Interaktion und zum Lernen für die Schule. Es dient als Büroersatz für Selbstständige und befriedigt die nächtliche Lust auf Grüntee-Tiramisu. Neben den vielen US-amerikanischen Café-Ketten gibt es in Korea auch eine beachtliche Anzahl eigener Marken. Zu den beliebtesten gehören Caffe Bene, Coffine Gurunau, Angel-in-us, Eidya und Tom N Toms.

Viele individuelle Cafés haben sich erfolgreich mit eigenwilligen Konzepten gegen die großen Ketten behauptet. In Saju-Cafés können sich die Gäste von Wahrsagern an der Nase herumführen lassen, das Kids-Café bietet jungen Eltern den vollen Service von Wickeltisch bis Spielecke und in Cafés mit Katzen oder Hunden wird sich die Hand wund gestreichelt. Typisch koreanisch sind auch Room-Cafés, die man als kleine Gruppe stundenweise mieten kann. In einer Küchenzeile darf man sich selbst bedienen und kann nach dem Kaffee noch ein Gesellschaftsspiel mit seinen Freunden spielen.

DMZ
Demilitarisierte Zone
비무장 지대 bimujang jidae

Bill Clinton nannte die demilitarisierte Zone bei seinem Besuch einst zu Recht den »unheimlichsten Ort der Welt«. Denn die Grenzzone zwischen Nord- und Südkorea ist alles andere als demilitarisiert.

Das undurchlässige 4 Kilometer breite und 248 Kilometer lange Niemandsland mit Minenfeldern, Stacheldraht und Panzersperren trennt zwei verfeindete Armeen voneinander, die sich lediglich in einem Waffenstillstand befinden.

Je näher man der DMZ kommt, desto öfter trifft man auf Zäune und Wachtürme. Sie sollen die Küsten und Flüsse vor Eindringlingen aus dem Norden schützen. Nicht selten sind Schüsse in diesem Gebiet zu hören und nie ist sicher, ob es sich hierbei um eine Übung oder ein tödliches Scharmützel handelt. Zumal es in der DMZ immer wieder zu Konflikten mit Überfällen und Feuergefechten kommt.

Viele Brücken über den Straßen Richtung Seoul verfügen über eine Sprengvorrichtung. So ließe sich eine nordkoreanische Panzerinvasion für eine Weile aufhalten, um etwas Zeit für eine Evakuierung der Hauptstadt zu haben. Auch auf nordkoreanischer Seite wurden Vorkehrungen für den Ernstfall getroffen. Um die DMZ zu umgehen, ließ Nordkorea vier Tunnel graben. So hätte die Armee in kürzester Zeit mehrere Tausend Infanteristen in den Süden schicken können. Letztendlich wurden die Tunnel von Südkorea entdeckt und gesprengt. Von Innen waren sie schwarz angestrichen und so als Kohlemine getarnt.

In beschränktem Maße ist die DMZ auch eine Attraktion. Auf Aussichtsplattformen können Touristen mit Ferngläsern einen Blick nach Nordkorea werfen. Doch statt auf Grenzanlagen richten manche Besucher ihren Feldstecher lieber auf die Flora und Fauna der Todeszone. Denn durch jahrelange Unberührtheit befindet sich die Tier- und Pflanzenwelt des Niemandslandes in einem ökologischen Gleichgewicht, das hoffentlich selbst bei einer Wiedervereinigung erhalten bleibt.

Auf den ersten Blick sieht es recht friedlich hier aus: das Grenzgebiet an der Ostküste mit Blick auf Nordkorea.

Japanische Besetzung
Verbitterung
일제 강점기 Ilje Gangjeomgi

Die tiefsitzende Verbitterung über die 35-jährige Besetzung Koreas wird in den regelmäßig aufkochenden Territorialstreitigkeiten zwischen Korea und Japan deutlich. Ein empfindliches Thema sind hierbei auch die japanischen Schulgeschichtsbücher, welche selbst in den neuen Ausgaben unübersehbar die japanischen Kriegsverbrechen beschönigen.

Seine strategische Bedeutung sollte Korea wieder zum Verhängnis werden. In kleinen taktischen Schritten bereitete das Japanische Reich die Besetzung Koreas vor. Denn von dort aus sollten im Anschluss Angriffe auf China und Russland eingeleitet werden. Ergebnislos appellierte der koreanische Kaiser Gojong an die Welt, die Unabhängigkeit seines Landes zu retten. Und auch koreanische Partisanen konnten nicht verhindern, dass am 22. August 1910 der Annexionsvertrag unterschrieben wurde.

Einige fortschrittsgläubige Koreaner begrüßten den rasanten Wandel vom Agrarland zum Industriestaat und ließen sich von ihren Besatzern verführen. Doch die brutale Militärpolitik der Japaner beutete das Land aus und verbot die koreanische Sprache. In Seoul wehrten sich die Menschen im März 1919 gegen die Besetzung und forderten ihre Unabhängigkeit zurück, doch die Aufständischen wurden ohne großes Zögern erschossen.

Mit den Atombomben auf Hiroshima und Nagasaki im Zweiten Weltkrieg kapitulierte das Kaiserreich Japan, und Korea wurde im Süden von den USA und im Norden von der Sowjetunion eingenommen. Die langersehnte Freiheit hatten sich die Koreaner anders vorgestellt.

Das Foltergefängnis Seodaemun in Seoul ist heute ein Museum. Hunderte Freiheitskämpfer wurden hier von den Japanern verhört und hingerichtet.

Jjimjilbang
Schwitzen, schwimmen, schlafen
찜질방 jjimjilbang

Die koreanische Sauna: heiße und kalte Wasserbecken, traditionelle Saunen, Eisräume, Fitnessbereiche, Massage, Entertainment-Area, Restaurants und Schlafquartiere, geöffnet 24 Stunden, 7 Tage die Woche. Willkommen im Paradies!

Die Tür öffnet sich und mir schlägt eine feuchtwarme Luft entgegen. Ein Handtuch wird mir gereicht und ich gelange in die großflächige Umkleidekabine des Jjimjilbangs, in dem ich heute verabredet bin. Es ist das erste Mal und ich habe keine Ahnung was mich erwartet. Unter den verstohlen neugierigen Blicken der anwesenden koreanischen Männer entkleide ich mich und erreiche dann den Badebereich. In den verschieden temperierten Becken vergesse ich die letzten hektischen Tage. Auf dem Dach des Gebäudes wartet eine heiße Wanne sprudelndes Wasser auf mich. Ich mache es mir gemütlich und genieße den Regen, der mich von oben etwas abkühlt. Nach einer Weile fällt mir meine Verabredung wieder ein und ich eile in den Saunabereich. Erst ab hier ist die Geschlechtertrennung aufgehoben und Männer sowie Frauen müssen die ausgegebene Saunakleidung tragen.

Ich treffe Bielle und Yun-hui in der Sauna. Nach einer ordentlichen Schwitzphase kühlen wir uns im Eisraum ab, schwitzen wieder in der Sauna und frieren wieder im Eisraum. Tiefenentspannt finden wir uns dann nach der Dusche in einer Art Bistro zu Ramyeon, Ei und Bier ein. Dort treffen wir auch auf Cha-hyeon und Hui-seon, die gerade von einer Party kommen. Wir erfahren, dass sie ihre Eltern angelogen hatten, um heute Nacht feiern gehen zu können. Damit ihr Geheimnis nicht auffliegt, werden sie hier im Jjimjilbang übernachten. Ein Klassiker. Wir stoßen gemeinsam an und falten aus den Handtüchern lustige Hüte, die uns wie Teddybären aussehen lassen (auch das gehört dazu). Dann verabschiede ich mich und nehme eine Kabine in dem bienenstockähnlichen Schlafquartier. Die Matratze ist natürlich etwas zu hart und es wird in den benachbarten Zellen bereits fleißig geschnarcht. Trotzdem schlafe ich schnell ein.

Am nächsten Morgen lasse ich es mir nicht nehmen, noch eine Bahn durch das eiskalte Wasser zu schwimmen. Dabei frage ich mich, ob man im Jjimjilbang auch dauerhaft wohnen darf.

Soju
Reisschnaps
소주 soju

Was aussieht wie ein harmloser Haufen unschuldiger grüner Wasserflaschen am Wegesrand, sind in Wahrheit die Überbleibsel eines Saufgelages. Soju, das beliebteste koreanische Destillat aus Reis, Kartoffeln und Gerste, wird in kleine grüne Flaschen abgefüllt und erinnert mit seinen 20 Prozent Alkohol geschmacklich am ehesten an Wodka.

Die nomadischen Mongolen unter Dschingis Khan schätzten ihren selbst gemachten Schnaps dafür, dass er nicht verderben konnte. Ihre Rezeptur hierfür überließen sie bei ihrem Besuch im Land der Morgenstille den Koreanern (aber nicht ohne vorher noch einen Krieg anzuzetteln). So hat sich das Destillat zum vermutlich beliebtesten alkoholischen Getränk in Korea entwickelt. Die Regierung hat 1965 sogar eine Art Reinheitsgebot aufgestellt, das auch einen Alkoholgehalt von rund 20 Prozent vorgibt. Der traditionelle Soju, der noch heute in der Region Andong verkauft wird, enthält allerdings doppelt so viel Prozent. Dieser Schnaps ist besonders bei älteren Herren beliebt. Wer jedoch denkt, dass Soju ein reines Männergetränk ist, der irrt. Nach Ende eines »Mädelsabends« ist der Tisch so überhäuft von entleerten Sojuflaschen, als hätte hier eine Rugby-Mannschaft gefeiert.

Kater
Wer arbeiten kann, der kann auch trinken
숙취 sukchwi

Würden sich Trinkgelage nur auf das Wochenende beschränken, wäre genug Zeit, den Rausch einfach auszuschlafen. Doch hier in Korea wird immer und überall getrunken. Auch an Werktagen und oft nach der Arbeit. Entweder mit Kollegen oder mit Freunden. Daher ist es Zeit, sich ernsthaft mit der Beseitigung des Brummschädels zu beschäftigen.

Eine Katersuppe zum Frühstück gehört zu der gängigsten Methoden, um Kopfschmerzen, vernebeltes Denken und andere alkoholbedingte Leiden zu beseitigen. Doch wegen des enthaltenen Rinderbluts ist das nicht jedermanns Geschmack. Koreanische Instantnudeln werden von trinkfesten Studenten empfohlen, doch ihre lindernde Wirkung ist zweifelhaft. Allenfalls bei dem schalen Geschmack im Mund vermag der enthaltene Geschmacksverstärker Abhilfe zu verschaffen.

Die gewünschte Linderung lässt sich nur mit speziellen Produkten erreichen. Glücklicherweise gibt es einen kompletten Marktzweig, der sich der Beseitigung des Katers widmet. Erzeugnisse wie Morning Care oder Condition basieren auf den Prinzipien der traditionellen koreanischen Medizin. Spezielle Vitamin- und Energydrinks, die es in jedem Convenience-Shop zu kaufen gibt, leisten dann ihren Dienst, wenn sich Koreaner schon wieder auf dem Weg zur Arbeit befinden.

8 Nationalparks
Nichts wie raus aus der Stadt
국립 공원 gukrip gongwon

Es ist wieder Herbst, die Hochsaison der Wanderer und Kletterer. Im Taebaek-Gebirge auf dem Berg Seorak unweit von Seoul schlängelt sich eine Schar von Wanderern den engen Weg hoch zum Gipfel. Jeder möchte einen Blick auf den atemberaubenden Ulsanbawi-Fels auf der Bergkuppe werfen. Doch vorne ist die Karawane ins Stocken geraten. An ein Überholmanöver ist nicht zu denken, der Pfad ist viel zu schmal. Jetzt heißt es warten und den mitgebrachten Tee trinken.

Über ein Drittel der Bevölkerung Koreas geht regelmäßig wandern. Bei den hervorragenden topografischen Gegebenheiten des Landes ist das nicht weiter verwunderlich. Fast drei Viertel der Landesfläche sind mit steilen, besteigbaren Bergen überzogen. Einige der 20 Nationalparks sind stärker frequentiert als

der Grand Canyon in den USA. Jeder von ihnen ist einzigartig und das Gelände reicht von glatten, sanften Hügeln und Tälern bis hin zu schroffen und felsigen Berggipfeln.

Auf der Insel Jeju-do befindet sich einer der am meist geschätzten Parks des Landes. Highlight jedes Hikes ist der erloschene Vulkan Hallasan. Er ist mit 1.950 Metern Südkoreas größter Berg und liegt im gleichnamigen Nationalpark. Für die knapp 20 Kilometer des Seongpanak-Trails zum Gipfel und wieder zurück werden 9–10 Stunden benötigt.

Besonders für die letzte Etappe zum Krater sind viel Kraft und Ausdauer von Nöten. Aufgrund des sehr leichten Anstiegs zu Anfang wird der Pfad hinauf oft unterschätzt. Doch der Blick in den Krater und die schöne Aussicht über die gesamte Insel sind jede Strapaze wert.

Schamanismus
Das Übernatürliche
무속 musok

Vor rund 40.000 Jahren haben bereits Menschen auf der koreanischen Halbinsel übernatürliche Kräfte beschworen. Mit Gesang und wilden Tänzen versetzten sie sich in Trance und nahmen Kontakt zur Geisterwelt auf, um das Böse zu vertreiben oder in die Zukunft zu sehen. Viele rituelle Zeremonien werden auch heute noch von Schamanen durchgeführt.

Der Tradition nach sind die meisten Schamanen Frauen. Und so kommt es vor, dass eine Schamanin *(mudang)* ihre Kraft an ihre Tochter vererbt. Wenn es der Anwärterin vorherbestimmt ist, kann sie die Techniken ihrer Mutter erlernen.

Auch auf (über)natürlichem Weg kann eine Frau zur Mudang werden. Hierzu muss ein Ritual namens Naerimgut durchgeführt werden. Die Anwärterin erkrankt zunächst an einer spirituellen Krankheit, die Sinbyeong genannt wird. Die Symptome sind Halluzinationen und bizarres Verhalten. Die Kandidatin wird dann mit Hilfe von einer älteren und erfahrenen Mudang von einem Geist besessen. Die Krankheit wird von dem Geist aufgelöst und die junge Anwärterin kann nun von ihrer Lehrmeisterin in den mysteriösen Techniken des Musok unterrichtet werden. So mancher Koreaner wird sie später konsultieren, anstatt zum Arzt zu gehen.

Jindo-Hund
Eine Hündin namens Baekgu
진돗개 jindotgae

Die Insel Jindo ist die Heimat des gleichnamigen Hundes, der in Korea als Nationaltier gilt. Seine Rasse gehört zu den Spitzen und wurde lange als Jagdhund eingesetzt. Der Jindo-Hund gilt als sehr energiegeladen, intelligent, treu und sanftmütig. Baekgu ist der Name einer Jindo-Hündin, die einst Schlagzeilen machte.

Die arme Oma Bok-dan konnte sich ihre geliebte Hündin nicht mehr leisten, und so verkaufte sie 1993 schweren Herzens Baekgu an eine wohlhabende Familie aus der Stadt Daejeon. In ihrem neuen Zuhause fern der Heimat ging es der Hündin recht gut. Aber Baekgu vermisste ihr Frauchen so sehr, dass sie Reißaus nahm und den ganzen weiten Weg von über 300 Kilometern zurücklief. Die Oma konnte es kaum glauben, als ihr sieben Monate später ihre ausgemergelte und verschmutzte Hündin in die Arme sprang. Ihr fiel es nicht leicht, die Familie in Daejeon darüber zu informieren.

Doch Baekgu durfte bei Oma Bok-dan bleiben und erlangte mit ihrer spektakulären Reise nationale Bekanntheit. Mehrere Kinderbücher, eine TV-Werbung sowie eine Animationsserie griffen die spannende Geschichte der Hündin auf. Auf der Insel Jindo wurde ihr sogar eine Statue gewidmet.

Tiergeräusche
Hunde die bellen, bellen anders
동물 소리 dongmul sori

Bei deutschsprachigem Nachwuchs heißt ein Hund Wauwau weil er »wau, wau« macht. In Korea wird er *meong-meongi* genannt, weil er »*meong meong*« macht. Doch wie machen die anderen Tiere? Hier eine kurze Einführung in das tierische Koreanisch:

Biene	*uiiing uiiing*	윙 윙
Elefant	*ppuuuu*	뿌우우우
Ente	*kkäg kkäg*	꽥 꽥
Eule	*bu-ong bu-ong*	부엉부엉
Frosch	*gägul gägul*	개굴 개굴
Grille	*guittul guittul*	귀뚤귀뚤
Hahn	*kkokkio*	꼬끼오
Huhn	*kkokkodäk*	꼬꼬댁
Katze	*yaong yaong*	야옹 야옹
Kuckuck	*ppo-gguk ppo-gguk*	뻐꾹뻐꾹
Küken	*bbiyak bbiyak*	삐약삐약
Kuh	*üm meh*	음메
Krähe	*kkaag kkaag*	까악 까악
Pferd	*ihihihing*	이히히잉
Schwein	*kkul kkul*	꿀꿀
Specht	*djäg djäg*	쨱쨱
Tiger	*o-hüng*	어훙

Straßensnacks
Larven und falsche Hotdogs
길거리 음식 gilgeori eumsik

Günstiges, leckeres Essen gibt es fast an jeder Ecke in der Stadt. Die meisten Essensstände finden sich natürlich dort, wo viele Schüler und Studenten vorbeikommen. Hier gibt es vom scharfen Imbiss bis zum süßen Dessert alles, was das Herz begehrt.

Das Angebot an den Pojangmacha, den koreanischen Essensständen, scheint unendlich zu sein. Immer wenn man denkt, man kennt jetzt alles, lässt sich wieder etwas Neues, Spannendes entdecken. Zu den Klassikern gehören sicherlich Gimbap, gegrillter Tintenfisch, Tteokbokki, Eomuk und Sundae. Letzteres sollte man nicht mit dem Softeis einer US-amerikanischen Burgerkette verwechseln. Denn das koreanische Original ist eine Blutwurst, die mit Innereien serviert wird. Verwechslungsgefahr besteht auch bei Hotteok, einem Pfannkuchen mit Pinienkernen und Zimt, der sich ausgesprochen wie »Hotdog« anhört. Bestellt man aber einen echten Hotdog, bekommt man stattdessen einen Corndog.

Bei Kindern beliebt sind Beondegi, gegrillte Seidenraupenlarven. Eine echte Herausforderung für einen Europäer, der sich durch die kulinarische Vielfalt Koreas essen möchte. Junge Leute bevorzugen Anju, ein Snack mit alkoholischem Getränk. Das ist günstiger als in eine Bar zu gehen. Außerdem hat das Sitzen auf den Hockern am Stand irgendwie Stil. Als »Pocha« bezeichnen sich hippe Kneipen, welche die Retro-Atmosphäre der Straßenstände nachahmen wollen. Der Vorzug des günstigen Preises geht hier allerdings verloren.

Barbecue
Feuer und Flamme für Fleisch
고기 구이 gogi gui

Koreaner mögen es heiß. Nicht nur in der Sauna, sondern auch auf dem Teller. Viele Speisen müssen so heiß wie möglich gegessen werden. Das geht nur, wenn direkt auf dem Tisch gegrillt und gebraten werden kann.

Eine koreanische Großfamilie hat sich in einem bescheiden bis unansprechend eingerichteten Barbecue-Restaurant eingefunden. Beinahe hastig nimmt sie an einem runden Tisch Platz, in dessen Mitte ein Gasgrill eingelassen ist. Die beiden erwachsenen Töchter kichern, als ein schüchterner junger Mann Tafelwasser und mehrere Schälchen mit Beilagen an den Tisch bringt. Der Grill ist mittlerweile heiß genug und der junge Mann schneidet das Samgyeopsal mit demonstrativer Gelassenheit in kleinere Stücke. Mit einer Zange platziert er anschließend das fettreiche Fleisch vom Schweinebauch auf dem Grillrost.

Als die ersten Stücke endlich gar sind, fällt die Familie über sie her. Mit Essstäbchen werden die immer noch recht großen Brocken in eine leckere Sauce gedippt und in ein Salatblatt gewickelt in den Mund geschoben. Dazu gibt es noch jede Menge gesundes Gemüse. Am Ende der Schmauserei bleibt nichts von dem teuren Wildschwein übrig. Zufrieden verlassen die Gäste den Tisch, um schon der nächsten Familie Platz zu machen. Zufällig hat auch diese zwei fleischhungrige Töchter mitgebracht.

Gangnam
»Oppa Gangnam Style«
강남 Gangnam

Als der Rapper Psy im Sommer 2012 seinen Song *Gangnam Style* veröffentlichte und dieser in kürzester Zeit um die Welt ging, fragten sich viele: »Was ist dieses Gangnam überhaupt?«

Der Song *Gangnam Style* nimmt Neureiche mit ausgeprägtem Modebewusstsein auf die Schippe. Sie bilden schließlich einen nicht unerheblichen Teil der Bewohner Gangnams. Oft wird das Seouler Viertel mit Beverly Hills verglichen. Ein Blick auf die extrem hohen Immobilienpreise erklärt, warum. Der sehr gut entwickelte Stadtteil mit seiner ausgefallenen Lebensqualität gilt zugleich als Shoppingmekka und Wiege koreanischer Trends. Internationale Boutiquen, die neuesten Marken oder originelle Restaurantkonzepte und stylishe Cafés breiten sich von hier im ganzen Land aus.

Gangnam ist bekannt für seine riesige COEX Mall, Dance-Clubs wie *Arena* und *Mass* sowie für all die plastischen Chirurgen, die hier einen lukrativen Standort gefunden haben. Weil sich in dem Viertel viele ausgezeichnete Highschools befinden, ist Gangnam auch für junge und wohlhabende Familien ein begehrter Wohnort.

Schönheit
Hübsch wie eine Porzellanpuppe
아름다움 areumdaum

In keinem anderen Land der Welt wird so viel an den Gesichtern der Menschen herumgeschnibbelt wie in Korea. Plastische Chirurgie scheint so normal wie der Gang zum Zahnarzt. Das Angebot hat einen so guten Ruf, dass sogar Schönheitstouristen aus ganz Asien kommen, um sich faceliften zu lassen. Angeblich bekommen viele von ihnen Probleme bei der Rückreise. Denn auf dem Foto im Reisepass ist eine scheinbar völlig andere Person abgelichtet.

Um wie eine niedliche Porzellanpuppe auszusehen, verwenden viele junge Frauen Whitening-Produkte für ihre Haut und setzen sich Kontaktlinsen ein, die ihre Pupillen größer aussehen lassen. Doch echte große Kulleraugen bekommen sie nur beim Schönheitschirurgen um die Ecke. Die Operation an der doppelten Lidfalte, die asiatische Augen größer erscheinen lässt, gehört dabei zum Standardangebot in jeder Praxis. Wer es sich leisten kann, lässt sich noch eine kleine Stupsnase, eine schöne runde Stirn und ein schmales Gesicht machen. Koreanische Stars lassen sich im Seouler Distrikt Gangnam behandeln. Hier arbeiten die besten Chirurgen des Landes. Manche Koreaner witzeln, dass man seine Freunde in Gangnam nicht wiederfinden kann, da dort alle gleich aussehen würden.

Im Trend liegt zurzeit eine außerordentlich drastische Operation: Um ein schmaleres Gesicht zu gestalten, wird der Kieferknochen der Patientin komplett umgeformt. Für ein hübsches Gesicht mit »V-Line« riskieren viele Frauen ernsthafte Gesichtslähmungen.

Die Werbeplakate der Chirurgen hängen überall in Korea, und viele von ihnen richten sich besonders an Jugendliche, die ohnehin oft unzufrieden mit ihrem Körper sind. Anzeigen, die übertriebene Vorher-Nachher-Bilder beinhalten, sind mittlerweile verboten. Doch die Unternehmen wissen um die starke Wirkung dieser Bilder und sind dazu übergegangen, junge Menschen auf Blogs und via Kurznachrichten-Dienste über die Wunder zu informieren, welche die Plastische Chirurgie zu verbringen vermag.

Cheonggyecheon
Der grüne Highway
청계천 Cheonggyecheon

In den 1960er-Jahren wurde der Bach Cheonggyecheon, der durch die Innenstadt von Seoul floss, einfach zubetoniert. Eine Hochstraße wurde errichtet und immer mehr Blechlawinen rollten durch die Stadt.

Ein ehrgeiziges Projekt im Jahre 2003 sah vor, den Bachlauf wiederherzustellen, um der Stadt ein umweltfreundlicheres Bild zu verleihen. Den Bürgern von Seoul sollte die Natur nähergebracht und ein einmaliges Erholungsgebiet geschaffen werden. Von der Kritik der ortsansässigen Händler ließ sich der koreanische Aktionismus nicht stoppen, und so wurde der Highway schnell abgerissen. In das ausgehobene Bachbett pumpte man anschließend über einhunderttausend Tonnen Wasser aus dem Han-Fluss.

Die geschaffene Parkanlage bietet auf ihren 11 Kilometern Länge heute, neben der naturnahen Erholung mit Wasserfällen und Steinstegen durch den Bach, jede Menge kleine Attraktionen. Manche davon wollen den Besucher auf subtile Weise an das traditionelle Korea erinnern. Neben dem jährlich stattfindenden Laternen-Festival zeigt eine Galerie mit verschiedensten Kunstwerken die Vielseitigkeit koreanischer Kultur.

Gegen Abend stellen die gemütlichen Plätze unter den zahlreichen Brücken einen romantischen Rückzugsort für Paare dar. Und an Wochenenden ist der Cheonggyecheon ein beliebter Ort der Entspannung für Jung und Alt. Bei einem Spaziergang entlang des Baches trifft man auf glückliche Kinder, gesundheitsbewusste Rentner, kichernde Teenager, nachdenkliche Mönche oder schüchterne Pärchen. Sie alle können sich sicher nicht mehr vorstellen, dass hier einmal ein hässlicher Highway gestanden hat.

U-Bahn
Die Höllenbahn
지하철 jihacheol

Die New Yorker U-Bahn hat sich vor einigen Jahren in einer Kampagne der MTA noch ausgiebig selbst gelobt. Trotz der ständigen Einschränkungen durch Instandhaltung, all dem Schmutz und der Unsicherheit auf den engen Bahnsteigen. Es wird Zeit, dass sich der Vorstand von MTA eine Fahrt mit der Seouler U-Bahn gönnt.

Planer von modernen U-Bahnsystemen reisen in der Regel nach Seoul, um sich hier ein Beispiel zu nehmen. Denn in Sachen Effizienz und Service macht den Koreanern so schnell keiner etwas vor. Auf den knapp 940 Streckenkilometern der Metropole reisen täglich 9,8 Millionen Menschen. Das macht die Seouler U-Bahn nach der von Tokio zu der am höchst frequentierten U-Bahn weltweit. Ein modernes und intuitives Leitsystem verhindert ein Verirren im Labyrinth der »Höllenbahn«, wie sie in Seoul trotz ihrer Vorzüge genannt wird. Das moderne Design der meisten U-Bahn-Stationen erinnert irgendwie an das von Macintosh. Die großzügigen Wagen sind klimatisiert und es gibt ein großflächiges Netz für WLAN und Mobilfunk.

Während der Rushhour gerät aber auch die U-Bahn in Seoul an ihre Grenzen. Dann kommt es schon mal vor, dass jemand von außen in einen überfüllten Waggon springt und dabei die im Eingang stehenden Fahrgäste wegschubst. Damit bricht der tägliche Kampf um Sitzplätze aus und mürrische Omis weisen junge Leute zurecht. Ansonsten geht es recht friedlich in Koreas Untergrundbahnen zu. Denn die meisten Fahrgäste starren ohnehin nur auf ihr Smartphone. Auch während des Fußwegs hinaus klebt die Aufmerksamkeit auf dem Handy. In das Gleisbett stürzt dennoch niemand. Um Unfälle zu vermeiden, gibt es fast überall Bahnsteigtüren, die den Zugang zum Gleis blockieren. Aufgrund der geringen Kriminalitätsrate ist ein nächtlicher Aufenthalt in der U-Bahn völlig bedenkenlos. Hiervon müssen betrunkene junge Leute auch regen Gebrauch machen. In der Seouler U-Bahn fährt nämlich ganz vorsintflutlich am Wochenende um Mitternacht die letzte Bahn. Bei der ausgeprägten Obsession für das Nachtleben der Koreaner ist das vollkommen unverständlich.

Trostfrauen
Sexsklavinnen des Zweiten Weltkriegs
위안부 wianbu

Der Begriff »Trostfrauen« klingt wie eine Verharmlosung des Leides, welches hunderttausende ostasiatische Frauen im erzwungenen Dienst für Japan erleiden mussten.

Busan im Zweiten Weltkrieg: Die damals 14-jährige Ok-hui wurde auf der Straße plötzlich in ein Fahrzeug geworfen und nach China entführt. Dort sperrte man sie mit anderen jungen Mädchen in eine sogenannte »Troststation«. Als Sexsklavinnen für das japanische Militär mussten sie jeden Tag 20 oder mehr Soldaten des Kaisers bedienen. Sie wurden geschlagen und misshandelt. Um den täglichen Qualen zu entgehen, sahen sie oft keinen anderen Ausweg, als sich zu ertränken oder zu erhängen. Andere starben an den Misshandlungen oder Geschlechtskrankheiten. Etwa 65.000 von den schätzungsweise 100.000 verschleppten Koreanerinnen sind während des Feldzuges bis 1945 als Trostfrauen ums Leben gekommen.

Nach der japanischen Kapitulation verschwanden plötzlich alle Verantwortlichen, und die 11–14-jährigen Mädchen wurden orientierungslos und traumatisiert zurückgelassen. Viele von ihnen kehrten nicht in ihre Heimat zurück. Zu groß war die Schande und unmöglich schien es den Familien, damit zu leben.

Sehr lange wurde dieses dunkle Kapitel in Korea totgeschwiegen. Bis die ersten Trostfrauen 1991 Demonstrationen organisierten, welche auf ihr Schicksal aufmerksam machen sollten. Ok-hui war nach dem Krieg in China geblieben. Sie konnte sich nicht überwinden, ihr Heimatland wieder zu betreten. Doch im Jahr 2000 schloss sie sich der Bewegung an. Zusammen mit dem Koreanischen Rat der Trostfrauen forderte sie eine umfassende Entschuldigung von der japanischen Regierung. Die lehnt es jedoch ab, Verantwortung für das Leid der Zwangsprostituierten zu übernehmen. Als Argument wird oft das Reparationsabkommen von 1965 genannt, das sämtliche Ansprüche aus dem Krieg für abgegolten erklärt.

Viele der ehemaligen Trostfrauen sind heute über 80 Jahre alt, doch manche haben ihren Kampf für Gerechtigkeit noch nicht aufgegeben. In Seoul treffen sie sich regelmäßig vor der japanischen Botschaft, um ihren Forderungen Nachdruck zu verleihen.

Schildkrötenschiff
Volle Breitseite!
거북선 geobukseon

Als 1591 eine koreanische Gesandtschaft aus Japan zurückkehrte, berichtete ihr Führer, dass Japan eine Invasion plane. Der Vizegesandte war jedoch anderer Überzeugung, und da er am koreanischen Hof mehr Anhänger hatte, verzichtete Korea auf Verteidigungsmaßnahmen.

Den Beschlüssen der koreanischen Regierung zum Trotz, suchte der Befehlshaber der Marine Admiral Yi nach einem Weg, Korea auf das Schlimmste vorzubereiten. Er beauftragte einen seiner Offiziere, ein Panzerschiff zu konstruieren, das in der Lage war, die zahlreichen japanischen Kriegsschiffe auf eine sehr ökonomische Weise bekämpfen zu können. Die ersten dieser neuartigen Schiffe wurden pünktlich zum Angriff der Japaner fertiggestellt.

Aufgrund ihrer Eigenschaften nannte man die eigenwilligen Konstruktionen Schildkrötenschiffe. Ihr bis zu 37 Meter langer Schiffsrumpf verfügte über drei Decks, dutzende Kanonen und einen mächtigen Rammbug. Das Schiff war oben mit Planken geschlossen und abstehende Eisenspitzen machten ein Entern beinahe unmöglich. Trotz seines hohen Gewichts sorgten die Segel und die Rudermannschaft für Wendigkeit und schnelle Fahrt.

Viele Koreanische Museen zeigen heute stolz Rekonstruktionen der Schiffe, deren Antlitz viel gefährlicher wirkt als das einer lahmen Schildkröte.

Joseon-Dynastie
500 Jahre Aristokratie
조선 왕조 joseon wangjo

Die Joseon-Dynastie währte von 1392 bis 1897 und war die letzte Dynastie des alten Korea. In einer Periode von etwa 200 Jahren Frieden konnte sich die Gesellschaft ungestört entwickeln. Das Erbe dieser Epoche hatte einen substanziellen Einfluss auf das moderne Korea: kulturelle Normen, Schrift und Sprache sowie Etikette und viele andere gesellschaftliche Aspekte wurden von der Joseon-Dynastie geprägt.

Mit Beginn der Joseon-Dynastie gegen Ende des 14. Jahrhunderts wurde einiges umgekrempelt: Dem hohen Adel wurde die Macht entzogen, zur Hauptstadt wurde das heutige Seoul erklärt und der bis dato sehr einflussreiche Buddhismus sollte an Bedeutung verlieren. Die neue Monarchie schuf eine bürokratisch-konfuzianische Ordnung, in der eine strenge soziale Struktur herrschte. Aristokraten standen an der Spitze der Gesellschaft und sorgten für ihren Fortbestand, indem sie Wissenschaft und Bildung förderten. Fortschrittliche Neuerungen wie die koreanische Schrift und die Weiterentwicklung von Verwaltung, Kunsthandwerk, Architektur und Medizin führte die Dynastie zu ihrer Blüte.

Im späten 16. Jahrhundert musste sich das vormoderne Königreich zuerst gegen japanische Invasoren und anschließend gegen Überfälle der Mandschuren wehren. Die Joseon-Dynastie endete etwa 200 Jahre später mit der schrittweisen Annexion durch Japan. Der letzte König Koreas scheiterte bei dem Versuch, durch die Proklamation zum Kaiserreich eine vollständige Unabhängigkeit zu erreichen. Am 22. August 1910 musste er den Annexionsvertrag der Japaner unterschreiben, und Korea wurde ab sofort als eine japanische Kolonie mit dem Namen Chōsen geführt.

Wachablösung vor dem Haupttor des königlichen Palastes Gyeongbokgung in Seoul.

Discobus
Kaffeefahrt mit Discokugel
관광 버스 gwangwang beoseu

In den Bergen herrscht friedliche Stille, wie man sie in Koreas Städten niemals erfährt. Von einer hochgelegenen Landstraße aus schweift der Blick über Bergkämme hinab in ein Tal. Doch plötzlich donnert ein wippender Bus über den Asphalt. Aus seinem Inneren dröhnen Electrobässe, ein Effektlichtgewitter und wildes Gekreische. Platz da, hier kommt der Discobus!

Wohin der Bus fährt, ist eigentlich egal. Vielleicht geht es an den Strand. Oder in die Berge zum Wandern. Das spielt für die Fahrgäste keine Rolle, solange genug Alkohol und Spaß an Bord sind. Die rebellischen älteren Herrschaften haben sich die Party im gemieteten Discobus redlich verdient. Ihr Leben lang haben sie hart für ihre Kinder gearbeitet. Doch jetzt wird auf die Tube gedrückt! Wer witzig ist, trägt ein Stirnband aus dem Klopapier der Bordtoilette. Vorne im Bus zappelt ein nervöser MC, der die Meute zum Tanzen im Bus auffordert. Er schaltet die Discokugel ein und dreht die Anlage weiter auf. »Wer kommt rüber und singt mit?!«, ruft er ins Mikrophon. Der Busfahrer rollt die Augen. Doch nach ein paar Sekunden nickt er selbst mit dem Kopf zum Takt des Schlagers.

Gwisin yijagi
Kleine Gespensterkunde
귀신 이야기 gwisin yijagi

Großstadtlegenden verbreiten sich schnell und Moderne Sagen halten sich hartnäckig in Korea – man gruselt sich gerne. Auch mit traditionellen Geistergeschichten jagen sich Koreaner gegenseitig Angst ein. Damit Sie sich bei Ihrem nächsten Besuch auf der Halbinsel schnell in der koreanischen Geisterwelt zurechtfinden, haben wir Ihnen diese schaurig-schöne Gespensterkunde zusammengestellt.

Cheonyeo-gwisin: Der Geist einer verstorbenen Jungfrau sucht von Eifersucht geplagt junge Frauen heim, die sich vermählen möchten. Der Geist trägt schwarze offene Haare, einen weißen Hanbok und besiegelt das Schicksal seiner Opfer, in dem er sie krank macht.

Cheukgan-gwisin: Aus Angst vor Rache ertrank sich eine Mörderin einst selbst – und zwar in der Toilette. Nach ihrem Tod befahl ihr der unheimliche Großkönig der Unterwelt, ihr Dasein als Toilettengeist zu fristen. Das stille Örtchen ist wahrlich kein schöner Ort für eine Begegnung mit einem Geist. Der Legende nach soll man sich vor dem Toilettengang bemerkbar machen, damit Cheukgan-gwisin nicht noch einmal mordet.

Dalgyal-gwisin: Vorsicht ist bei nächtlichen Ausflügen in die Berge geboten. Hier lauert der furchteinflößendste aller Geister. Ein Blick in sein nicht vorhandenes Gesicht genügt und der Wanderer fällt auf der Stelle tot um.

Gumiho: Lassen Sie sich nicht von ihrer Schönheit blenden! Eine Gumiho ist eine verführerische Gestaltwandlerin mit neun Fuchsschwänzen und ausgeprägtem Appetit auf menschliche Leber. Erst nach eintausend Tagen ohne Leberverzehr kann sie ihren bösen Wesenszug ablegen und ein Mensch werden.

Jeoseung-saja: Der Jeoseung-saja trägt eine schwarze wallende Robe und einen traditionellen Hut aus der Jeoson-Dynastie. Sein Gesicht ist bleich und seine Augen finster. Als Äquivalent zum westlichen Sensemann arbeitet er für Yeomra-Daewang, den Großkönig der Unterwelt.

Mul-gwisin: Viele Geschichten ranken sich um Menschen, die in Flüssen oder im Meer ihr nasses Grab gefunden haben. Der Mul-gwisin ist ein Wassergeist und hat praktischerweise unnatürlich lange Arme, mit denen er seine Opfer zu sich in das unheilvolle Nass ziehen kann.

Inseln
Juwelen und Kuriositäten
섬 seom

Bei über 3.000 Inseln, verstreut rund um die koreanische Halbinsel, verlieren selbst Koreaner den Überblick. Insulare Juwelen und Kuriositäten gibt es zu Hauf, doch vier von ihnen verdienen besondere Aufmerksamkeit.

Die Insel **Mara-do** liegt weit weg vom Festland und ist die südlichste Insel Koreas. Sie wurde aufgrund eines Werbespots 1998 über Nacht in ganz Korea populär. Ein Mobilfunkkonzern warb damals für sein Netz, das selbst abgelegene Inseln abdeckt. Im Spot rief der Lieferant eines China-Restaurants einen Kunden zurück, da er die Adresse nicht finden konnte. Dieser antwortete ganz gelassen, dass er auf Mara-do wohnt und hungrig auf seine Nudeln warten würde.

Es hätte auch Drehort eines Peter-Jackson-Filmes sein können: das Eiland **Ulleung-do** ist eine mysteriöse, oft in Nebel gehüllte Vulkaninsel. Doch auf orkische Horden oder Riesenaffen treffen Wanderer bei ihrer Erkundung der schroffen Felslandschaft glücklicherweise nicht.

Hanbandoseom ist eine künstliche Insel in einem Fluss nahe der Grenze zu Nordkorea. Sie stellt die angebliche Mitte der koreanischen Halbinsel dar. Die Parkanlage in Form eines wiedervereinten Koreas ist unter anderem mit einer Seilrutsche zu erreichen. Dieses wahnwitzige Projekt wurde zur Revitalisierung der lokalen Wirtschaft erdacht, doch es war vor allem eines: teuer. Über 40 Millionen Euro hat sich die koreanische Regierung den Inselspaß kosten lassen.

Die autofreie Doppelinsel **Somaemul-do** ist bei Koreanern besonders wegen des romantisch gelegenen Leuchtturms ein beliebter Ferienort. Steile Klippen und seltsam geformte Felsen bilden die unberührte Natur der Insel. Wenn während des Sonnenuntergangs die Ebbe eine Sandbank freilegt, laufen Paare zu Fuß hinüber zur Schwesterinsel und schießen eifrig Fotos.

Jeju-do
Koreas Hawaii
제주도 Jeju-do

Es klingt doch ein wenig übertrieben, wenn Koreaner Jeju-do das »Hawaii Koreas« nennen. Andererseits gibt es auf der größten Insel des Landes alles, was ein subtropisches Paradies ausmacht. Sandstrände, Mandarinenbäume, Palmen, Wasserfälle und zur Krönung einen erloschenen Vulkan im Zentrum.

Die überall auf der Insel wachsenden Mandarinen gelten als außerordentlich süß und lecker. Sie werden entweder frisch oder als Saft allerorts in Korea verkauft. Der Preis ist ebenso saftig wie die Früchte. Denn wer auf der Insel nicht vom Tourismus leben kann, muss von der Landwirtschaft leben. Diese hat eine mindestens genauso lange Tradition wie der Schamanismus auf der Insel. Denn tausende schamanistische Männchen aus Vulkangestein, Dol Hareubang genannt, stehen auf dem Eiland verteilt. Sie sollen den Menschen Fruchtbarkeit schenken und sie vor Dämonen schützen. Viele von ihnen sehen jedoch verdächtig neu aus und haben kürzlich eine Umschulung zum magischen Touristenmagnet gemacht.

Nicht nur klimatisch stellt die Insel eine Besonderheit dar. Auch die Kultur der Insulaner birgt ihre Eigenheiten. Das wird an dem Jeju-Dialekt deutlich, der sich durch die Verwendung vieler Wörter der Joeson-Dynastie sehr von den Mundarten des Festlandes unterscheidet. Gegessen wird hier, wie es sich für eine koreanische Insel gehört, viel gegrillter Fisch. In seiner rohen Form kommt der Fisch als Delikatesse Hoe auf den Tisch. Aber auch Wildschwein gilt als eine kulinarische Spezialität Jeju-dos.

Und auch die koreanischen Surfer, die sich an den schönen Sandstränden der Insel tummeln, lassen keine Zweifel aufkommen: Jeju-do ist das Hawaii Koreas!

100 Bunte Dächer
Farbenfrohe Vogelperspektive
화려한 지붕 hwaryeohan jibung

Es war kein Geringerer als der Hollywood-Schauspieler Will Smith, der vor ein paar Jahren ein Foto von bunten koreanischen Dächern im Internet verbreitete. Jeder fragte sich, warum manche Dächer blau, manche grün und andere orange seien. Für einen amerikanischen Blogger war der Fall eindeutig: Eine Verschwörung aus Nordkorea! Doch die Antwort auf die Frage ist mehr als banal.

In den 1970er-Jahren ordnete der antidemokratische Präsident Park im Zuge seiner »Neue Gemeinschaft Initiative« die Verbesserung der ländlichen Infrastruktur an. Alle Bauern des Landes waren dazu aufgefordert, ihre Strohdächer durch Schieferdächer auszutauschen. Doch Grau war den Bürgern zu langweilig, und so änderten sie die Dachfarbe einfach in Orange oder Blau. Schließlich hatten die hohen Beamten der Joseon-Dynastie bereits mit blauen Dächern ihren Status signalisiert.

Als Schutz vor starken Regenfällen während des Monsuns werden seit einiger Zeit viele Flachdächer imprägniert. Der Hersteller dieser Imprägnierung bietet nur zwei Farben an: Grau und Grün. Aufgrund seiner Monopolstellung und da sich die Koreaner noch immer nicht mit Grau anfreunden können, gesellt sich zu dem Farbspektrum ihrer Dächer ein schönes sattes Grün.

Der Präsident hat im Übrigen auch ein farbiges Dach über dem Kopf. Er regiert im Blauen Haus in Seoul, dem koreanischen Äquivalent zum Weißen Haus.

101 Reiskocher
Wunder der Technik
밥솥 bapsot

»Wenn der Reis klebt, dann läuft doch grundsätzlich etwas verkehrt!«, hieß es kürzlich in einer Online-Produktrezension. Ein verwirrter deutscher Kunde hatte einen koreanischen Luxusreiskocher für über 300 Euro erstanden. Nun wunderte er sich, warum der Reis nicht so schön körnig von seinem Löffel herunterrieselt wie in der Werbung für Uncle Ben's.

Er sieht ein bisschen aus wie ein Droide aus *Star Wars* und sprechen kann der Reiskocher mit Dampfdrucktechnik auch. Über mehrere Stunden hinweg hält der Kocher den Reis warm und selbst nach zwei Tagen schmeckt es immer noch gut. Wünscht man morgens frischen Reis, lässt sich das Gerät auf einen bestimmten Zeitpunkt programmieren. Eine nette Roboterstimme ruft dann am nächsten Morgen zum Frühstück, wenn der Reis fertig ist. Ein guter Reiskocher verfügt ohnehin über eine Reihe von Geräuscheffekten. Beim Austritt des heißen Wasserdampfes zum Beispiel ahmt das Gerät eine Dampflok nach oder ruft laut wie ein Kuckuck.

Koreanische Familien haben keine Backöfen, aber in jeder Küche steht ein Reiskocher. Findige Hobbybäcker sollen daher ihren Reiskocher erfolgreich zum Backen zweckentfremdet haben. Doch all die Vorteile, welche so ein Reiskocher mit sich bringt, sind nutzlos, wenn man keinen Klebreis mag. Aber dann läuft doch grundsätzlich etwas verkehrt.

Protest
Immer wieder samstags
시위 siwi

Demonstrationen haben in Korea eine lange Tradition. Diese geht zurück auf die Bewegung des 1. März, als Bürger gegen die japanischen Besetzer protestierten und die Unabhängigkeit forderten. In Seoul finden heutzutage jeden Samstag parallel verschiedenste Demonstrationen statt.

Dass diese zum Großteil friedlichen Kundgebungen oft von einem übertriebenen Polizeiaufgebot begleitet werden, liegt auch in dieser Tradition begründet. Denn noch vor wenigen Jahren waren gewalttätige Auseinandersetzungen ein fester Bestandteil der Proteste. Neben privaten Initiatoren, Kirchen und sozialen Organisationen rufen vor allem Gewerkschaften in Seoul zu Demonstrationen auf. Doch nicht nur prekär Beschäftigte kämpfen für bessere Arbeitsverhältnisse, auch die »Arbeiteraristokratie« veranstaltet regelmäßig öffentliche Proteste. Gewerkschafter, die sich bei Streiks engagierten, liefen ständig Gefahr, verhaftet zu werden. Nach einem Regierungswechsel hat sich die Lage für die Protestler allerdings entspannt.

Viele Veranstalter rüsten ihre Demonstranten gut aus: Es gibt Flaggen, Stirnbänder und Westen. Bei Tee oder Kaffee sitzen sie auf dem Boden und hören den Redebeiträgen ihrer Kollegen zu, die auf politische Missstände aufmerksam machen möchten. Es sind vor allem Skandale wie die rund um das Fährunglück 2014, die in Korea für andauernde Protestwellen sorgen.

Bei einem der größten Proteste, die die südkoreanische Demokratie bisher erlebt hat, kamen laut Veranstalter eine Million Bürger zusammen. Sie demonstrierten gegen die in einen Korruptionsskandal verwickelte Präsidentin Park Geun-hye. Wenige Monate später wurden Neuwahlen angesetzt und Park wurde offiziell angeklagt.

Panmunjeom
5 Minuten in Nordkorea
판문점 panmunjeom

In der Joint Security Area (JSA) liegt das gespenstische Panmunjeom. Lange Zeit war dieser Ort der einzige Grenzübergang zwischen Nord- und Südkorea und Schauplatz von blutigen Zwischenfällen. Nirgendwo ist das Gefühl der Zerrissenheit zwischen den beiden verfeindeten Bruderstaaten größer als hier.

»Wenn ich es erlaube, dürfen Sie Fotos machen. Wenn ich stopp sage, werden bitte keine Fotos mehr gemacht. Ihre Hände müssen sichtbar bleiben, stecken Sie Ihre Hände nicht in die Tasche. Zeigen Sie auf keinen Fall auf das Gebäude oder auf einen der nordkoreanischen Soldaten.« Unser Guide schaut uns freundlich aber bestimmt an. Mittlerweile kenne ich den Text auswendig. Schon zu Beginn der Reise in das militärische Sperrgebiet an der Grenze zwischen Nord- und Südkorea bekam ich eine Unterweisung in die Regeln. Unter anderem ist es streng untersagt, bei dem Betreten der JSA Camouflage-Kleidung zu tragen. Auch zerrissene Jeans sind verboten. Angeblich, um einen Kulturschock unter den nordkoreanischen Wachen zu vermeiden.

Nach einer weiteren Aufklärung über Verbote und Gefahren unter der Aufsicht von südkoreanischen und US-amerikanischen Militärs, führt uns unser Guide zu den drei berühmten blauen Hütten. Diese wurden nach dem Waffenstillstandsabkommen vom 27. Juli 1953 direkt auf der Grenze errichtet, um Räume für Gespräche und Verhandlungen zu bieten. Direkt davor stehen südkoreanische Soldaten mit dunklen Sonnenbrillen in einer modifizierten Taekwondo-Haltung wache. Von der anderen Seite beobachtet uns ein nordkoreanischer Offizier mit seinem Fernglas. Kameras sind auf uns gerichtet. Jetzt wird mir zum ersten Mal seit Betreten der Sperrzone mulmig zumute. Ich werde in eine der Hütten geführt und betrete dann nordkoreanisches Territorium. Schnell darf ich ein Foto von den Soldaten machen, und schon geht es wieder nach draußen.

Der Spuk ist vorbei, als ich wieder im Bus sitze und wir das Gebiet verlassen. Natürlich nicht ohne einen kurzen Halt an einem Souvenirshop zu machen, der fragwürdige Mitbringsel anbietet. Ich lasse mich zu einer Flasche JSA-Reiswein für meinen Gastgeber hinreißen. Ihm ist als Südkoreaner der Zutritt zu Panmunjeom leider immer verwehrt.

Zivilschutz
Gasmasken raus, Zivilschutzübung!
민방위 minbangwi

Seoul liegt etwa 50 Kilometer von der Grenze entfernt und somit in Reichweite nordkoreanischer Artillerie. US-Soldaten, die in der Stadt stationiert sind, haben Seoul den martialischen Beinamen »Killbox« gegeben. Auch wenn sich die meisten Koreaner überhaupt keine Sorgen machen, das Ministerium für öffentliche Sicherheit will die Bevölkerung vorbereitet wissen.

Ein Sirenenalarm schrillt los. Eine der größten Zivilschutzübungen des Landes beginnt. Hastig werden Gasmasken von emsigen Helfern in ockerfarbenen Jacken verteilt. In beinahe jeder U-Bahnstation stehen Schränke voller Gasmasken, die im Notfall gegen Rauch und ABC-Kontamination helfen sollen. Bei Angriffen, Unfällen oder Naturkatastrophen soll die Zivilbevölkerung Schutz in U-Bahnstationen oder in Parkhäusern suchen. Mehrere Militärflugzeuge donnern über die Städte und simulieren Bombenabwürfe. Autofahrer müssen ihre Fahrzeuge verlassen und einen Schutzraum aufsuchen. Wer schlau ist, befindet sich zu Beginn der Übung bereits in der U-Bahn. Denn diese darf, anders als der Straßenverkehr weiterfahren.

Die nationale Zivilschutzübung dauert 4–6 Stunden und wird zweimal im Jahr durchgeführt. Der Artillerieangriff auf Yeonpyeong 2010 hat den Koreanern die unsichere Lage zurück ins Bewusstsein gerufen. Mit den regelmäßigen Zivilschutzübungen will die Regierung der Bevölkerung Notfallmaßnahmen beibringen. Viele wissen nämlich nicht um die Existenz der Notunterstände.

사용법 (전쟁가스시 사용 금지)
Fire Gas Mask (Do not use in CBR)

  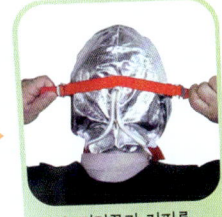

된 마개(2개)를 한다.

3. 마스크를 착용한다.

4. 머리끈과 지퍼를 조절한다.

화재시 유리를 파손하고 사용하세요.
n there is fire, break the glass to use the mask

용 방독면

Geisterjäger
Rentner-Reservisten des koreanischen Marine Corps
귀신 사냥꾼 gwisin sanyangkkun

Im Falle eines Krieges würden sie den Feind im Handstreich besiegen. Denn sie sind so schnell, dass sie selbst einen Geist fangen könnten. Zumindest behaupten sie das gerne. Den Beweis bleiben die Rentner-Reservisten allerdings noch schuldig.

Den Spitznamen *gwisin sanyangkkun,* Geisterjäger, haben sie sich tatsächlich selbst gegeben. Doch bis es zum Krieg oder zu paranormalen Einsätzen kommt, regeln sie den Verkehr, räumen nach Überflutungen auf und sorgen auf Festivals für Ordnung. Mit Trillerpfeifen und Fahnen koordinieren sie Fußgängerströme und Autokolonnen.

Auch wenn sie von offizieller Seite für ihr Ehrenamt gelobt werden, wirken die ehemaligen Soldaten im Verkehrsgetümmel dennoch überflüssig. Koreanische Autofahrer sind ohnehin vorschriftsresistent und Fußgänger auch nicht viel besser, Elitesoldat hin oder her. Dabei haben die Marines einiges in ihr Erscheinungsbild investiert. Neue Uniformen und Helme, eine zierende Kordel und ein rotes Halstuch. Es kümmert sie wenig, dass Letzteres eigentlich nur von Kampfpiloten getragen wird. Manche von ihnen ziert sogar ein Patronengürtel, obwohl die Reservisten in der Öffentlichkeit niemals bewaffnet sind. Und es ist auch sehr zweifelhaft, ob sich Geister davon beeindrucken lassen würden.

Busan
Temperamentvolle Stadt im Süden
부산 Busan

In der zweitgrößten Stadt des Landes geht es etwas ruhiger zu als in der Hauptstadt. Trotz der 3,7 Millionen Menschen kommt hier längst nicht so viel Hektik auf wie in Seoul. Aufgrund der schönen geografischen Lage wird das atmosphärische Busan von allen Koreanern sehr geschätzt. Auch Ausländer, die den Weg heraus aus Seoul und hierher finden, schließen die Stadt schnell in ihr Herz.

Busan am Nakdong-Fluss liegt an der Südostküste Koreas. Umringt wird die Metropole von einer Unzahl von Bergen, die sich kreuz und quer durch die Stadt bis zur Küste ziehen. Seine wirtschaftliche Bedeutung für Korea verdankt Busan seinem dynamischen Hafen, der als einer der wichtigsten Umschlagplätze in Asien gilt.

Einwohner sowie Touristen schätzen vor allem den Fischmarkt Jalgalchi, den städtischen Strand Haeundae sowie das weltgrößte Warenhaus der Welt, Shinsegae. Jedes Jahr im Herbst sind alle Augen auf die Stadt gerichtet, wenn nationale und internationale Stars auf dem Busan Filmfestival ihre neuesten cineastischen Werke präsentieren. Die Metropole ist ein beliebter Drehort für koreanische Kinofilme. Vielleicht liegt es daran, dass der Gyeongsang-Dialekt als besonders tough gilt und deshalb ein Gros der koreanischen Gangsterfilme in Busan gedreht wurden. Den Dialekt aus Seoul würden zumindest die Leute aus Busan nicht gerne in einem Kriminalfilm hören wollen. Dazu sei er angeblich viel zu »schmalzig«.

Laternen
Bunte Lichter erhellen die Nacht
초롱 chorong

Dass Koreaner verrückt nach Laternen sind, wird bei einem Tempelbesuch deutlich. Unzählige Lampions in unterschiedlichen Farben hängen hier über den Eingängen. Jedes Jahr vor Buddhas Geburtstag werden in einem festlichen Akt Laternen angezündet, um ihn zu ehren.

Die Laternen werden aus einem Naturpapier *(hanji)* hergestellt. Früher schwammen sie als Kommunikationsmittel die Flüsse entlang. Als Flaschenpost sozusagen. Während des Laternenfestivals Jinju Namgang lassen auch heute noch Menschen Lampions zu Wasser. Als Träger von geheimen Wünschen treiben die kleinen Leuchten durch die Nacht und geben ein bezauberndes Bild ab.

Die Besucher gelangen auf das Festival, indem sie durch einen Tunnel von Myriaden roter Laternen schreiten. Hauptattraktion sind die riesigen Laternen auf dem Fluss, die traditionelle und moderne Motive zeigen. Bei Kindern außerordentlich populär sind die Lampions, die Charaktere aus Animationsserien darstellen. Diese leuchten hier noch greller und beeindruckender als auf der heimischen Mattscheibe. Darüber muss man sich einfach freuen.

Hangeul
Das Alphabet des Königs
한글 Hangeul

Im Jahre 1443 war der weise König Sejong die komplizierten chinesischen Schriftzeichen leid und führte mit seinem Werk *Die richtigen Laute zur Unterweisung des Volkes* das koreanische Alphabet ein. Das neue Schriftsystem war den Aristokraten Koreas zu einfach, und so dauerte es einige Jahre, bis Hangeul offiziell verwendet wurde.

Die einzelnen Buchstaben des Hangeul stellen Sprachwerkzeuge wie Lippen, Zunge und Rachen dar. Sie werden mit bis zu fünf Zeichen zu einem Silbenblock zusammengefasst. Dabei werden die Buchstaben typografisch angepasst, damit die Silbe in ein imaginäres Quadrat passt. Dadurch wird die Handschrift sehr platzsparend, und auch das Lesen ist für das Auge viel angenehmer. Schreibt man Hangeul mit der Computertastatur, tippt die linke Hand die Konsonanten und die rechte die Vokale. Der Computer setzt die Buchstaben dann automatisch zu einer Silbe zusammen. Das Alphabet kennt zwar nur 24 Grundbuchstaben, aber diese können bis über 10.000 Silbenkombinationen hervorbringen. Um Hangeul in lateinische Buchstaben umzuwandeln, gibt es mehrere Transkriptionssysteme. Die Revidierte Romanisierung ist das derzeit aktuellste. Dennoch transkribieren die Koreaner gerne nach Bauchgefühl. Bestes Beispiel hierfür ist der Firmenname Samsung. In Hangeul 삼성 geschrieben, würde nach dem alten System *Samsŏng* und nach dem neuen *Samseong* daraus werden. Seltsamerweise jedoch nicht die offizielle Schreibweise Samsung.

Den Hindernissen zum Trotz bleibt Hangeul wesentlich schneller zu lernen als das japanische oder chinesische Schriftsystem. Nach wenigen Stunden Beschäftigung mit Hangeul kann man bereits seinen Namen und einige andere Wörter auf Koreanisch schreiben.

Kalligrafie
Schönschriftmeister Seok-bong
서예 seoye

Für die koreanischen Kalligrafie benötigt man vier wichtige Utensilien: Einen Pinsel, dessen Qualität sich nach der Flexibilität der Haare richtet, einen Reibstein mit Stangentusche, um die Tinte in die perfekte Konsistenz zu bringen, und natürlich das Papier, welches sehr fein sein sollte, damit die Tinte korrekt aufgenommen wird. Um hingegen als Meister der Kalligrafie zu gelten, bedarf es Talent und viele Jahre der Übung. Das gilt heute noch so wie zur Zeit der Joseon-Dynastie.

Wir befinden uns im frühen 16. Jahrhundert: Der junge Han Seok-bong ist ganz verrückt nach chinesischer Kalligrafie, doch seine Mutter kann sich die teuren Schreibutensilien kaum leisten. Schweren Herzens schickt sie ihren Sohn zur Weiterbildung auf ein Kloster. Die Mönche dort sind erstaunt über das Talent des jungen Schreiberlings und willigen ein, ihm die Kunst der Kalligrafie beizubringen. Unglücklicherweise ist Seok-bong ein hoffnungsloses Muttersöhnchen und wird von Heimweh geplagt. Gleichwohl hält er es vier Jahre in dem Kloster aus.

Überzeugt, ein ausgebildeter Kalligraf zu sein, reist er schließlich nach Hause zurück. Dort soll er für seine Mutter in totaler Dunkelheit seine Kunstfertigkeit beweisen. Bei gelöschtem Licht führt Seok-bong selbstsicher den Pinsel über das Papier. Als die Kerzen wieder brennen, nehmen Mutter und Sohn das Werk in Augenschein. Ein unglaubliches Geschmiere auf dem Papier überzeugt Seok-bong, wieder ins Kloster zurückzukehren.

Nach vielen weiteren Jahren des Studiums wird ihm eine wichtige Nachricht überreicht: Er ist eingeladen, nahe des königlichen Palastes zu wohnen, um als Hauptkalligraf des Königs zu arbeiten. Ob Seok-bong auch seine Mutter mitbringen durfte, ist leider nicht überliefert.

Dokkaebi
Schelmischer Kobold
도깨비 dokkaebi

»Ich fühle mich wie vom Dokkaebi verhext«, sagen manche Leute in Korea, wenn ihnen etwas komisch vorkommt. Kinder werden mit gemeinen Sprüchen wie: »Hör auf zu weinen oder der Dokkaebi fängt dich!«, in Schach gehalten.

Der Dokkaebi treibt sein Unwesen in vielen Geschichten der koreanischen Mythologie. Er wird entweder als dämonenhafte Gestalt oder als schelmischer Troll beschrieben. Seine gestreifte Haut gleicht der eines Tigers, und wie es sich für eine Teufelsbrut gehört, hat er zwei Hörner auf dem Kopf. Er spielt den Menschen Streiche, treibt seinen Schabernack mit ihnen und bestraft sie für schlechte Taten. Hierzu verwandelt er sich oft in Tiere oder Gegenstände. Gelegentlich stellt er sich den Menschen in den Weg und fordert sie zu einer Runde Ssireum auf, dem koreanischen Ringen. Außerdem trägt er einen Knüppel mit dem lautmalerischen Namen Bangmangi mit sich. Damit kann er alle beliebigen Dinge herbeizaubern (allerdings fehlen diese dann irgendwo anders auf der Welt).

Trotz allem ist der Dokkaebi in Korea recht beliebt. Als Türknauf an den Toren alter buddhistischer Tempel gilt er sogar als Wächter gegen Böses. Bei den Red Devils, dem Fanclub der koreanischen Fußballnationalmannschaft, ist er das Maskottchen. Darüber hinaus darf er in einigen Computerspielen und Animationsserien seinen Zauberknüppel schwingen.

Tipp: Sollten Sie jemals einem Dokkaebi begegnen und von ihm zum Ringen herausgefordert werden, dann versuchen Sie ihn auf die linke Seite zu werfen. Nur so soll er zu besiegen sein.

Maskentanz
Lüsterne Mönche und dekadente Herrscher
탈춤 talchum

Eine einzige Live-Vorstellung des koreanischen Maskentanzes Talchum reicht aus, um seiner Magie zu verfallen. Betörende Musik untermalt das beeindruckende Körpertheater der Darsteller und die kraftvollen Farben ihrer Masken ziehen die volle Aufmerksamkeit des Publikums auf sich.

Weil das Drama so körperbetont und von vielen Gestiken und Klamaukeinlagen durchsetzt ist, kommt es beinahe ohne Sprache aus. Dennoch wechseln sich Tanz, Slapstick und Dialog im koreanischen Maskentanz ab. Und obwohl dieser sowohl tragisch als auch komisch sein kann, steht doch der Humor im Vordergrund.

Ein wichtiger Unterschied zum westlichen Theater sind die Rollen, die die Darsteller verkörpern. Sie stellen keine Individuen wie z. B. Romeo oder Julia dar, sondern Stereotype, die Teile der Gesellschaft repräsentieren. Ein typisches Thema ist ein Mönch, der zwar eine moralische Instanz ist, sich aber lüstern gibt und einer jungen Frau nachstellt. Auch Tiercharaktere und übernatürliche Wesen können Teil einer Aufführung sein. Der traditionelle Maskentanz bedient die Frustration des einfachen Volkes, das sich immer wieder den strengen Gesellschaftsregeln der Herrschenden ausgesetzt sah. Weil es möglich war, Kritik und Satire in die Darstellungen einzustreuen, hatte das Theater einen starken kathartischen Effekt.

Heute wird der Maskentanz noch immer aufgeführt, und ein beliebter Höhepunkt ist die Interaktion mit dem Publikum. Vorzugsweise wird ein Ausländer zum Tanz animiert, damit er sich auf der Bühne schön blamieren kann.

Aberglaube
Hokuspokus trotz Hightech
미신 misin

Koreaner tendieren dazu, alles in ihrem Leben kontrollieren zu wollen. Unkontrollierbares, wie Bestimmung, Unglück oder Schicksal, wollen sie zumindest in Erfahrung bringen, um es am Ende vielleicht doch kontrollieren zu können. Dazu konsultieren ältere wie jüngere Koreaner vor einem wichtigen Test oder einer Hochzeit Wahrsager, Schamanen und Mönche. Auch bei der Namensfindung für Neugeborene oder jeder anderen lebensverändernden Entscheidung sind die Hellseher behilflich.

Die Swastika auf dem Schild in der Seitenstraße wirbt für eine schamanistische Mudang. Neben der Kommunikation mit Geistern und Verstorbenen bietet diese Schamanin auch die Durchführung der übernatürlichen Zeremonie Naerimgut an. Doch nur Koreaner, die darin ihr Schicksal sehen, lassen sich freiwillig von einem Geist besetzen und zahlen dann noch 5.000 Euro dafür.

Ein Yeoksulga ist ein Wahrsager, der anhand einer komplizierten Familienverträglichkeitsanalyse namens Gunghap die Bestimmung zweier Menschen voraussagen kann. Er kombiniert Zahlen aus Geburtsdaten und Namen, um zu erfahren, ob Paaren eine glückliche Zukunft bevorsteht. Dabei ist vor einiger Zeit herausgekommen, dass Südkoreas Präsidentin Park für den nordkoreanischen Diktator Kim Jong-un eine gute Partie wäre.

Auch im Alltag gibt es einiges zu beachten: Namen schreiben Koreaner nie mit roter Tinte – das erinnert an den Tod. Für ihn steht auch *sa*, die Zahl 4, weshalb es in Hotels und Apartmenthäusern kein viertes Geschoss, sondern nur ein Stockwerk F gibt. Koreaner müssen sich auch vor Schmetterlingen in Acht nehmen, da diese im Extremfall blind machen können. Eine der bekanntesten Mythen ist die des Killer-Ventilators: Bleibt er über Nacht eingeschaltet, sterben die Schlafenden durch Sauerstoffmangel. Dieses Gerücht hielt sich so hartnäckig, dass Koreaner lieber einen Ventilator mit Timerfunktion kauften, um endlich wieder beruhigt schlafen zu können. Sofern ihnen der ganze andere Hokuspokus überhaupt Ruhe lässt.

Gyeongju
Standardklassenfahrt
경주 Gyeongju

Gyeongju war die Hauptstadt von Silla, eines über 2.000 Jahre alten Königreichs. Heute ist der Ort ein riesiges Freiluftmuseum und UNESCO-Weltkulturerbe. Außerdem ist Gyeongju ein unbeliebtes Standardausflugsziel für Schulklassen.

Genervt schlendern die Schülerinnen der Songgok-Schule ihrem Lehrer hinterher. Der schlaksige Herr Park erklärt mit lauter Stimme und großer Begeisterung die Tempelarchitektur. Für viele der Mädchen ist es bereits das zweite Mal, dass sie den Tempel Bulguksa in Gyeongju besichtigen. Sie ärgern sich darüber, dass ihrem Lehrer kein besseres Ziel eingefallen war: »Tempel, Tempel, die sehen doch alle gleich aus!«, meint die kleine Boram. Aber wenigstens hätten sie ein paar Tage Ruhe vor ihren fordernden Eltern. Bei einer kurzen Pause sitzen die Mädchen brav auf einer Wiese und essen Gimbap, bevor es weiter zum Observatorium geht. »Die Silla-Königin Seondeok hat dieses feine Gerät konstruiert«, meint Herr Park mit hochgezogenen Augenbrauen zu den Mädchen. »Und ihr könnt es ihr gleichtun, wenn ihr nur fleißig genug seid.«

Abends in der Unterkunft inspiziert Herr Park argwöhnisch die Zimmer der Mädchen, bevor er zu Bett geht. Der beachtliche Vorrat an Bier und Soju bleibt von ihm jedoch unentdeckt.

Für den nächsten Tag hat der Lehrer eine kleine Überraschung für seine Schülerinnen vorbereitet. Er hofft, sie so motivieren zu können. Doch das K-Pop-Tanzturnier gegen eine andere Klasse wird zu einem Flop. Parks Mädchen sind einfach zu verkatert.

Podo
Ein Traum von einer Traube
포도 podo

Viele ausländische Besucher wundern sich stirnrunzelnd über die eigenartigen dunklen Trauben, die es hier an jeder Ecke zu kaufen gibt. Auf einigen englischsprachigen Blogs ist man sich nicht einig, um welche Traube es sich genau handelt. Bei den Koreanern heißt sie einfach nur *podo*.

Die Früchte haben eine rundere Form als gewöhnliche Trauben und sind von außen dunkelrot. Ihr Inneres jedoch gleicht der weißen Traube. Die Haut ist leicht ablösbar und wird nicht mitgegessen. Durch sanftes Drücken auf die Frucht flutscht die Traube aus der Schale in den Mund. Ihr einzigartiger frischer, süßer Geschmack ist ein Feuerwerk für den Gaumen. Nicht ohne Grund schmecken Quengelwaren an den Kassen koreanischer Supermärkte nach *podo*. Säfte, Kaugummis, Bonbons, Eiscreme und Fruchtgummis verführen den traubensüchtigen Kunden zum Kauf. Oft bieten gastfreundliche Koreaner ihren Besuchern die frischen Trauben zum Nachtisch an. Dafür müssen sie bei einem Marktpreis von 6,50 Euro pro Kilo recht tief ins Portemonnaie greifen.

Damit Sie sich nicht auch über die Sorte den Kopf zerbrechen müssen: Die in Korea verbreiteteste Sorte ist Campbell-Early.

Fischmarkt
Oktopus Obsession
수산 시장 susan sijang

Korea ist, natürlich abgesehen vom Norden, ringsum vom Meer umgeben. Daher spielte die See bei der Ernährung des Volkes schon immer eine bedeutende Rolle. Viele der beliebtesten Gerichte des Landes enthalten Fisch und Meeresfrüchte.

Als Besucher des größten Fischmarkts Koreas, dem Jalgachi in der Stadt Busan, findet man sich in einer anderen Welt wieder. In diesem enormen Labyrinth der Meeresfrüchte gibt es alles, was schwimmt, taucht, blubbert, saugt und kneift. Hunderte Verkäufer bieten hier den frischen und meist lebenden Fang des Tages an. Es herrscht eine eigentümliche Atmosphäre. Ohne viel Marktgeschrei, jedoch mit Fischgeruch in einem Ausmaß, an das man sich nicht gewöhnen kann. Die satten Farben von Gummistiefeln, Schläuchen, Aquarien, Plastikwannen und Meeresbewohnern sind dem intensiven Licht der Leuchtstoffröhren zu verdanken. Sie lassen den quirligen Ort noch lebendiger wirken.

Beim Vorbeischlendern an geschäftigen Marktständen muss man immer wieder über Wasserschläuche steigen. Sie verbinden die zahlreichen Wasserbecken, in denen Stockfische, Rotbarsche, Kugelfische, Wolfsbarsche, Oktopusse, Aale, Bambuskrebse, Austern, Garnelen und Seeohren eng zusammengepfercht auf ihre Käufer warten.

Haenyeo
Taucherinnen
해녀 haenyeo

Die berühmten Taucherinnen namens Haenyeo sind ganz gewiss keine typisch koreanischen Frauen. Sie sind sehr emanzipiert, selbstbewusst und nicht auf den Mund gefallen.

Hunger und Armut trieb vor einigen Jahrzehnten tausende Frauen dazu, in der See nach Meeresfrüchten zu tauchen. Heute sind nur noch wenige Hundert übrig. Für ungefähr 300 Euro im Monat riskieren die Taucherinnen jede Saison aufs Neue ihr Leben. Scherzhaft wird bei der Arbeit oft über den eigenen Tod gesprochen, denn viele sind bereits im Rentenalter. In bis zu 20 Metern Tiefe suchen die betagten Frauen den Meeresboden nach Seeohren ab. Diese verkaufen sie anschließend an japanische Edelrestaurants.

Ihre Tauchgänge machen die Haenyeo vom Wetter abhängig. Der Mondkalender und Aberglaube spielen dabei eine ausgesprochen wichtige Rolle. Auch im Winter schlüpfen sie in ihre Neoprenanzüge und fahren gemeinsam hinaus aufs Meer. Durch jahrzehntelanges Tauchen ohne Sauerstoffgerät verfügen die Haenyeo über ein vergrößertes Lungenvolumen. So können manche 2–3 Minuten unter Wasser bleiben. Beim Auftauchen geben sie dann eigenartige Pfeiftöne von sich. Diese Atemtechnik wirkt dem Effekt des schnellen Auftauchens entgegen.

Die Frauen werden oft gefragt, warum nur sie, nicht aber ihre Männer tauchen gehen würden. »Weil man als Alkoholiker einfach nicht tauchen kann«, ist ihre flapsige Antwort. Und obwohl es oft Streit unter ihnen gibt, sind die Haenyeo eine schwesterliche Gemeinschaft. Niemals tauchen sie alleine, denn wer bei der Arbeit ohnmächtig wird, dem muss schnell geholfen werden. Vor einiger Zeit ist eine von ihnen in der Brandung verschollen. Nach einer vergeblichen Suchaktion musste sie für tot erklärt werden. Mehrere Tage hielten die Taucherinnen eine schamanistische Trauerzeremonie ab, bis sie sich selbst wieder in die Wellen wagten. Eine der ältesten unter ihnen ist die 83-jährige Frau Heo. Sie durfte als Mädchen nicht zur Schule gehen, und so blieb ihr nur die Arbeit im Meer. Ihre eigenen Kinder versuchen ständig, sie vom Tauchen abzuhalten. Doch vergeblich. Frau Hoe vermutet, dass sie wie ihre verunglückte Schwester eines Tages nicht wieder aus den Wellen zurückkehren wird.

Eine Haenyeo verkauft auf der Insel Jeju-do ihren Fang.

Fotokabine
Hauptsache schrill und bunt
스티커 사진기 seutikeo sajingi

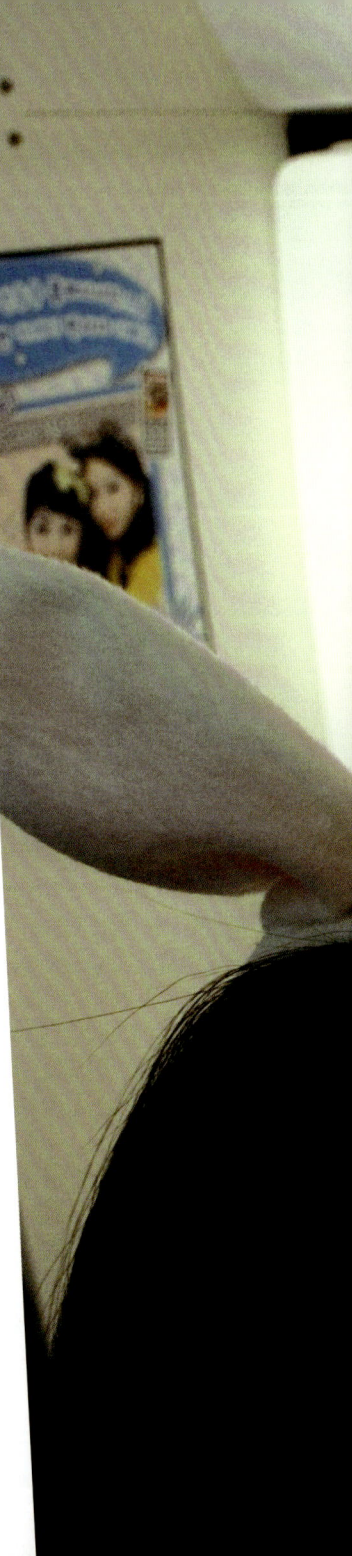

Ein lustiges Gruppenbild mit Freunden in einem Passfotoautomaten machen: das ist der Aufhänger vieler klischeebeladener Werbespots der westlichen Hemisphäre. In der verrückt-bunten koreanischen Lebensart ist das durchgeknallte Gemeinschaftsfoto aus dem Automaten Alltag. Der Trend stammt aus Japan und hat sich erstaunlich lange gehalten.

Überall im Land, vorzugsweise in den Studentenvierteln, finden sich farbenfroh gestaltete Kabinen, in denen für wenige Won witzige Fotosticker gemacht werden können. Die Kundschaft besteht oft aus Schülerinnen und Studentinnen, die sich mit albernen Verkleidungen vor einem Greenscreen ablichten lassen. Ein automatischer Filter sorgt hierbei selbstverständlich für einen weichen Hautton. Nach dem Auslösen hat man wenige Minuten Zeit, die Bilder mit Farben, Sprüchen oder verrückten Grafiken zu gestalten. *Verunstalten* trifft es jedoch eher. Aber gerade weil wegen des Zeitdrucks einiges schiefgehen kann, macht das Spiel mit den Effekten so viel Spaß.

Die Fotos ohne jedes erkennbare Designkonzept werden entweder als Sticker ausgedruckt oder als Datei auf das Handy übertragen und erinnern an einen lustigen Tag mit seinen besten Freundinnen.

Kleines Scheißerchen
Süße Hundewelpen aus dem Supermarkt
똥강아지 ddonggangaji

In einer Zoohandlung in Gwangju drücken sich zwei Teenager ihre Nasen an einer Glasscheibe platt. »Hey, kleines Scheißerchen«, ruft eines der Mädchen. »Ich möchte auch so ein süßes Teetassenhündchen«, meint ihre Freundin. Ein aufgeregtes kleines Fellbündel springt kläffend vor ihnen herum. Der etwas größere Welpe in der gläsernen Nachbarzelle liegt nur regungslos da und ignoriert das Blitzlichtgewitter der Handykameras.

Kleine Hundewelpen verkaufen sich gut in Korea. Doch auch Katzenbabys werden immer beliebter. Galten sie bei der älteren Generation noch als Unglücksbringer, gibt es sie mittlerweile längst nicht mehr nur in Zoohandlungen, sondern auch in einigen Supermärkten. Accessoires und Outfits bekommen Tierliebhaber in speziellen Hundesalons. Das Sortiment reicht von Haarklammern, Kleidern, Schleifen, Kettchen über Strampelanzüge bis hin zu Kinderwagen. In einer abgetrennten Ecke wird das Hundefell mit knalligem Blau, Lila oder Pink gefärbt und anschließend für ein Fashion-Foto gestylt und in Szene gesetzt.

Der ganze Haustier-Glamour hat jedoch seine Schattenseiten: Tiere, die sich nicht verkaufen lassen, gehen wieder zurück in die sogenannte »Welpenmühle«. Dort müssen sie später für reinrassigen Nachschub sorgen. Da in Korea das Recht der Tiere noch unterentwickelt ist, versucht der koreanische Tierschutzbund über die schlechten Zustände bei vielen Züchtern aufzuklären. Erste Früchte der Kampagnen sind Tierfreunde, welche die Adoption von ausgesetzten Hunden vorziehen und sich trotz des Hypes für die Rechte der Tiere einsetzen.

Jugendsprache
Je kürzer, desto besser
은어 euneo

Das Internet hat, wie überall auf der Welt, einen großen Einfluss auf die Jugendkultur. Da koreanische Jugendliche oft nur gleichaltrige Freunde haben, entwickelt jede Generation ihren eigenen Jargon.

Das geht sogar so weit, dass ältere Koreaner keinen blassen Schimmer haben, worüber die Teens gerade sprechen. Für Leute, die sich selber noch für recht jung halten, kann das ganz schön unangenehm sein. So wurde Bielle einmal von einer Schülerin gefragt: »Können Sie mir Geld für eine *bukachung* leihen?« *Was soll das sein?*, fragte sich Bielle. Damit war eine *beoseukadeu chungjeon* gemeint, eine Geldaufladung für die Busfahrkarte.

Kein Wunder, dass man so ein umständliches Wort abkürzen möchte. Vielleicht liegt es auch daran, dass die gestresste Jugend im Terminkalender keinen Platz mehr für herkömmliche Kommunikation hat. Denn es wird gekürzt, wo nur eben möglich. Die Königsdisziplin dürfte das Chatten sein. Denn hier stehen kryptische Konsonantenpaare für ganze Sätze. Die Zeichen ㅈㅅ beispielsweise sind die Abkürzung für 죄송해요 und bedeuten: »Es tut mir leid.«

Dennis ruft in Korea vor Freude gerne »*Daebak!*«. Das bedeutet »Jackpot!« Leider interessiert es ihn nicht sonderlich, dass das ein Modewort von jugendlichen Mädchen ist.

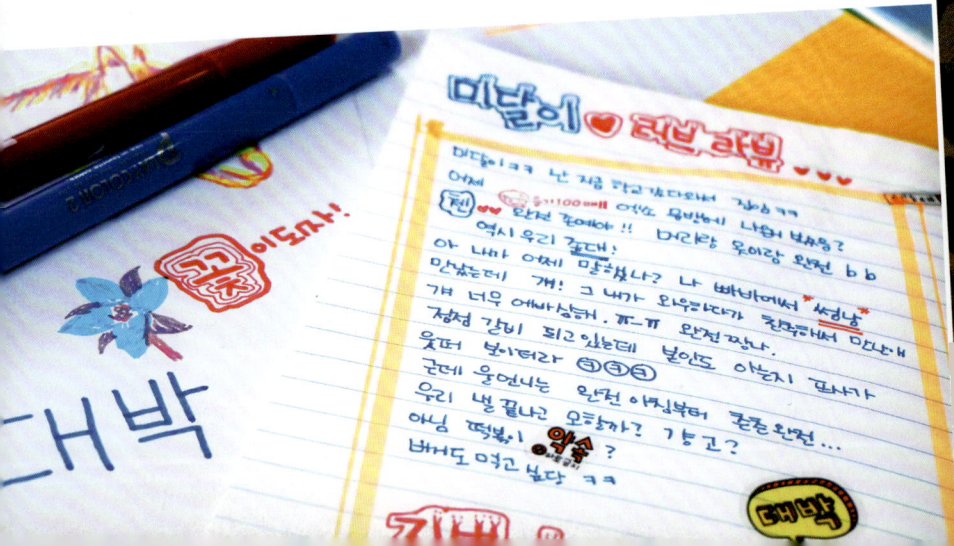

DVD-Bang
Eine »DVD gucken«
DVD방 DVD bang

In den Seouler Studentenvierteln hängt an fast jeder Häuserfassade ein buntes, blinkendes Schild mit der Aufschrift »DVD방«. Bei meinem ersten Besuch in Korea fragte ich Bielle, ob sie sich mit mir dort einen Film anschauen möchte. Eigentlich hätte ich etwas vorsichtiger fragen sollen, denn das Wortspiel mit der englischen Bedeutung von bang ist gar nicht weit hergeholt.

Bielle entschied sich jedoch gegen jede Art der Empörung und schlug vor, mir ein DVD-Bang zu zeigen. Ich folgte ihr in ein dunkles, schmales Treppenhaus. An der Theke angekommen, kauften wir uns Getränke (ich nahm eine lustig aussehende Dose Milchlimonade). Wir wählten eine koreanische Westernkomödie und bezahlten einen günstigen Preis. Die Thekenkraft führte uns durch den engen Flur vorbei an vielen Räumen aus dem basslastiger Soundtrack dröhnte. Ein riesiger Flatscreen mit Sourroundanlage empfing uns in unserem Bang. Ich schaute mich um und spätestens beim Erblicken des leicht zu reinigenden Liegesofas und des endlosen Vorrats an Taschentüchern verstand ich, dass man im DVD-Bang nicht zwangsläufig eine DVD anschauen muss.

Wohnen
Ein eigenwilliges Mietsystem
거주 geoju

Wolse und *jeonse*, das hört sich vielleicht nach einer koreanischen Version von *Dick und Doof* an. In Wirklichkeit beschreibt es jedoch zwei verschiedenen Mietformen. Wobei es *jeonse* nur in Korea gibt.

Wolse ist vergleichbar mit der herkömmlichen Miete. Es wird ein Vertrag für ein bis zwei Jahre unterschrieben, eine Kaution hinterlegt und jeden Monat der Mietbetrag überwiesen. Diese Wohnform eignet sich besonders gut für Menschen, die öfters umziehen müssen. Studenten oder junge Angestellte wohnen meist in einer einfachen Behausung namens *gosiwon*, in einem *one-room* (Einzimmerwohnung) oder in einem *hasukjib* (Privatpension).

Bei *jeonse* zahlt der Bewohner überhaupt keine Miete. Dafür muss er aber über die Hälfte des Kaufpreises für die Wohnung hinterlegen. Die Summe erhält er bei seinem Auszug wieder zurück. Verträge dieser Art laufen in der Regel 2 Jahre, damit der Vermieter die theoretische Miete durch den Zinsgewinn einnehmen kann. Je nach aktuellem Zinssatz, variiert die Popularität von *jeonse* stark. Dennoch bevorzugen Koreaner dieser Art zu wohnen.

Im *hyeongwan*, dem Wohnungseingang, werden Straßenschuhe gegen Hausschlappen eingetauscht.

Ginseng
Heilwurzel mit Armen und Beinen
인삼 insam

Zwei Brüder hatten sich bei der Jagd in einem Schneesturm verirrt. Sie mussten Zuflucht in einer Höhle suchen. Als der Hunger sie überkam, gruben sie eine seltsame Wurzel aus dem Boden, die wie ein menschlicher Körper geformt war. Nachdem die Brüder die Wurzel aßen, fühlten sie sich wieder stärker und konnten den beschwerlichen Heimweg antreten.

Die Legende der zwei Brüder erzählt von der Entdeckung der Ginsengwurzel, die in Korea schon seit Tausenden von Jahren einen wichtigen Stellenwert in der Heilkunde einnimmt. Gegen Ende der Joseon-Dynastie begannen die Koreaner die Pflanze künstlich zu kultivieren, da die Nachfrage immer größer wurde.

Besonders der schonend behandelte rote Ginseng wird als vielseitiges Nahrungsergänzungsmittel geschätzt. Es soll gegen Stress und Müdigkeit wirken sowie als Stärkungsmittel Gedächtnis, Immunsystem und der Potenz auf die Sprünge helfen. Für Touristen ist roter Ginseng das Mitbringsel Nummer 1. Das zeigt ein Blick auf das Warenangebot der Duty-free-Läden: Roten Ginseng gibt es als Tee, Konzentrat, in Kapseln und als Zutat in Suppen, Kaffees, Bonbons und Milchshakes. Doch wer würde schon gerne Ginseng-Socken tragen? Hier geht der Ginseng-Kult eindeutig zu weit.

Ginsengwurzel als dekorativer Glücksbringer im Glas.

Ondol
Auf dem Boden schlafen
온돌 ondol

Zu Gast bei einer koreanischen Familie kann es passieren, dass man nachts auf dem Weg zur Toilette über ein auf dem Boden schlafendes Familienmitglied stolpert.

Traditionelle Häuser wurden in ihrem Steinfundament beheizt. Somit war der Boden im kalten koreanischen Winter immer muckelig warm. Der wärmste Platz im Raum, *araetmok* genannt, war für Gäste und alte Menschen reserviert. Die Fußbodenheizung *(ondol)* formte die koreanische Sitzkultur. Der stets penibel sauber gehaltene Boden war ein geselliger Ort, auf dem gegessen, geschlafen, gespielt und gestritten wurde.

Daran hat sich bis heute nicht viel geändert, denn das Gemeinschaftsgefühl und die Vorliebe für Fußbodenheizungen finden sich in jeder koreanischen Wohnung wieder. *Ondol* hat in Korea eine sehr flexible Wohnkultur geschaffen. Mit einem kleinen Tischchen wird das Wohnzimmer zum Esszimmer, und dünne Matratzen gestalten es zu einem Schlafsaal für Gäste um. Selbst in der Sauna oder in Restaurants gibt es nichts Besseres, als im Schneidersitz auf dem warmen Boden zu sitzen. Und dazu muss es nicht einmal Winter sein.

Wer es sich jedoch auf dem Boden zu gemütlich macht, gilt schnell als faul: »Du fühlst dich wohl nur dem *ondol* verpflichtet«, heißt es dann. Ausländer müssen sich in Korea darüber aber keine Gedanken machen. Der Boden ist zwar schön warm, aber schon nach kurzer Zeit im Schneidersitz tun einem die Knochen weh. Dafür haben Koreaner viel Verständnis, das sie mit ebenso viel Gelächter zum Ausdruck bringen.

Traditionelle Hochzeit
Bunte Zeremonien mit Holzenten
전통 혼례 jeontong honrye

Paare können sich grundsätzlich zwischen der christlichen Traumhochzeit in Weiß mit ganz viel Glamour und der traditionellen Hochzeit mit seltsamen Holzenten entscheiden. Bei letzterer ist oft einer der Beteiligten kein Koreaner. Die traditionelle Hochzeit dauert nur wenige Stunden, wird unter freien Himmel gefeiert und ist mit ihrer fremdartigen Zeremonie eine einmalige Erfahrung.

Eine Hochzeit war lange Zeit eher eine Vereinigung zweier Familien als die zweier Menschen. Sie wurde als die letzte Verpflichtung der Eltern ihren Kindern gegenüber angesehen. Auch heute noch spielt das eine große Rolle in der koreanischen Heiratskultur. Nach einer komplizierten Regelung teilen sich die Parteien beispielsweise die Folgekosten der Hochzeit. Den Kauf einer Wohnung übernimmt die Seite des Bräutigams und den Aufwand für die Einrichtung die der Braut.

Die meisten Hochzeiten finden in speziell dafür eingerichteten Heiratszentren, »Wedding Halls« genannt, statt. Wobei sich die traditionelle Hochzeitszeremonie draußen abspielt. Sie gleicht einem Theaterstück von einem anderen Stern. In einem von Helfern getragenen Wagen fährt zunächst der Bräutigam zur Familie der Braut und bittet mit einer bunten Holzente um die Hand der Tochter. Das hölzerne Gefieder soll eine glückliche Zukunft

symbolisieren. Es ist Teil einer unglaublich komplizierten und symbolträchtigen Zeremonie. Vielen Brautpaaren fällt es schwer, sich all die Abläufe zu merken. Daher zupfen nervöse Helfer an ihnen herum, sollten sie einmal eine der unzähligen Verbeugungen vergessen.

Nachdem der anwesende Priester seinen Segen ausgesprochen hat, geht plötzlich alles ganz schnell. Freunde und Verwandte des frischgebackenen Ehepaares laufen im Eilschritt in die Wedding Hall. Zügig geben sie ihre Umschläge mit Geldgeschenken ab. Ein Familienmitglied zählt die Beträge der druckfrischen Scheine und notiert sie in einem Heft. Schließlich wird in der Verwandtschaft auch geheiratet, und dann möchte man nicht zu viel oder zu wenig schenken. Während sich das Ehepaar noch fleißig für die Großzügigkeiten bedankt, wird im Festsaal bereits geschlemmt. Ganz nach der koreanischen Bballi-Bballi-Mentalität verlassen die meisten Gäste direkt nach dem Dessert die Hochzeit. Auch die Eheleute sind jetzt mit ihren Koffern auf dem Weg zum Taxi, das sie zum Flughafen fährt. Endlich Flitterwochen!

Zurück bleiben nur die Eltern, die alles organisiert haben. Doch auch sie werden bald von den Angestellten der Wedding Hall aus dem Saal gekehrt. Die nächsten Kandidaten sind bereits auf dem Weg hierher.

Honeymoon
Aufklärung im Paradies
신혼 여행 sinhon yeohaeng

Lange Zeit war die subtropische Vulkaninsel Jeju-do das bevorzugte Flitterwochenziel der Koreaner. Die Insel hat sich über Jahre auf den hohen Andrang der Honeymooner eingestellt. Und auch für die sexuelle Aufklärung wurde gesorgt.

Da Sex vor der Ehe lange ein Tabu war (natürlich wieder besonders für Frauen), sorgten aufklärende Einrichtungen wie der Park *Love Land* für Enthemmung unter den Vermählten. Die skurrilen Skulpturen in eindeutigen Posen und das romantische Unterhaltungsprogramm der Reiseveranstalter sollten das Eis zwischen den Honeymoonern brechen.

Taxifahrer fungieren auf der Insel als Touristenführer und Fotografen. Sie kutschieren die jungen Paare an einen der idyllischen Strände und setzen sie mit ein paar Kommandos für das Foto in Szene. Nach wenigen Minuten geht es weiter zum nächsten Highlight.

Heutzutage verbringen die meisten Paare ihre Flitterwochen lieber auf den Philippinen, Hawaii, in Indonesien oder Thailand. Ein luxuriöses Hotel oder eine Villa mit Pool und einem eigenen Guide lassen sich Koreaner viel Geld kosten. Einen ausgefallenen Trend stellt momentan eine Reise während der Schwangerschaft dar. Fotos in den sozialen Netzwerken von schwangeren Bäuchen im tropischen Paradies lassen die Daheimgeblieben ganz schön neidisch werden.

Dass die Insel Jeju-do dagegen ziemlich altbacken wirkt, kümmert ältere Leute wenig. Sie wollen die schöne Zeit ihrer Flitterwochen noch einmal erleben und kehren gerne hierher zurück. Denn es geht nicht um den Wettbewerb im Reisen, sondern darum, ob man auch zusammen alt werden kann. Und das haben die Rentner-Honeymooner schließlich geschafft. Trotzdem kann ein nochmaliger Besuch des *Love Lands* sicher nicht schaden.

Vollmond
Angst vor weißen Augenbrauen
정월 대보름 jeongwol daeboreum

Viele Kinder wollen bekanntlich nicht früh ins Bett gehen und lieber lange aufbleiben. Doch die ganze Nacht wachbleiben könnten sie trotzdem nicht. Am Feiertag Jeongwol Daeboreum müssen sie es aber versuchen. Sonst gibt es am nächsten Morgen eine böse Überraschung ...

An Jeongwol Daeboreum wird nach dem Lunarkalender der erste Vollmond des Jahres gefeiert. Familien kommen zusammen und es werden Spiele gespielt. Der Tradition nach muss man in dieser Nacht wachbleiben, um den Vollmond zu ehren. Damit das auch die kleinsten Familienmitglieder durchhalten, erzählt man ihnen eine Schauergeschichte. Sollten sie wider Willen einschlafen und dadurch die Vollmondnacht verpassen, wachen sie am nächsten Morgen mit weißen Augenbrauen wieder auf. Natürlich versuchen die Kleinen vergeblich, angestrengt die Augen aufzuhalten. So manches Kind dürfte am nächsten Morgen unter Belustigung seiner Eltern mit Mehl in den Augenbrauen wach geworden sein.

Lernen
Schlafen kannst du, wenn du tot bist
배움 baeum

Die US-Regierung hat dem koreanischen Bildungssystem mehrfach ihre Anerkennung ausgesprochen. Von der Ferne sieht alles so perfekt aus: Die Schüler sind aufmerksam, respektieren die Lehrer, prügeln sich kaum und bleiben freiwillig länger. Ein Traumland für jeden Pädagogen. Doch viele Koreaner würden ihr Bildungssystem gerne von Grund auf ändern.

»Date in der Uni oder nähe in der Fabrik!« Derartige Motivationssprüche hängen an den Wänden in Koreas Highschools. Doch schon in der Grundschule werden Schüler auf Leistung getrimmt. Viele Eltern lassen keine freie Minute im Terminkalender ihrer Kinder. Tagsüber in die Schule, dann zum Klavierunterricht und anschließend private Englischstunden. Der Nachwuchs der Neureichen aus Gangnam hat die Möglichkeit, auf die beste Highschool des Landes zu gehen. Ein guter Abschluss eröffnet ihnen dann die Chance auf einen der begehrten Plätze an einer Elite-Uni. Denn nur mit einem guten Hochschulabschluss von einer namhaften Universität sind sie auf dem Arbeitsmarkt konkurrenzfähig. Um sie so gut es geht zu fördern, überwachen viele Eltern die Leistungen ihrer Kinder sehr genau. Bei hohem Leistungsdruck und strengem Frontalunterricht bleibt die persönliche Entwicklung der Jugendlichen auf der Strecke.

Bereits in der Mittelstufe bereiten sich Schüler auf einen der wichtigsten Prüfungstage ihres Lebens vor. Der sogenannte »Studierfähigkeitstest« findet überall im Land am gleichen Tag statt, sodass es regelmäßig zu erheblichen Staus kommt. Vielen Arbeitnehmern ist es an diesem Tag gestattet, erst später in die Firma zu kommen. Sollten die Schüler den Test bestehen, geht es an der Uni mit gleichem Enthusiasmus weiter. So mancher Student wird seine Nächte in der Bibliothek verbringen. Die dort aufgestellten Mikrowellen und Zahnputzbecher sprechen Bände.

Besonders viel Zeit wird in Englischnachhilfe investiert. Obwohl jedes Jahr etwa 15 Milliarden Euro für Privatlehrer ausgegeben werden, sprechen nur wenige Koreaner gutes Englisch. Das liegt neben den rein auf den Gewinn ausgerichteten Englischinstituten auch an den fehlenden praktischen Erfahrungen. Hinzu kommt, dass nur sehr wenige Koreaner im Alltag gute Englischkenntnisse benötigen.

Ajumma
Tante Kim ist überall
아줌마 ajumma

Ältere Frauen mit Lockenwickler-Frisuren in bunter Outdoor-Fashion, die verbissen um ihren Sitzplatz im Bus kämpfen, ihre Verwandten und Freunde zum Kauf von Haushaltswaren aus dem Direktvertrieb zwingen und vor Imbissständen hungrige Studenten füttern – sie alle sind Ajummas, die Tanten Koreas.

Früher war die Ajumma eine ältere Frau, die sich um ihre Familie kümmerte und vor allem dafür bekannt war, sich so unmodisch wie möglich zu kleiden. Doch das Bild der koreanischen Tante hat sich gewandelt.

Da ihre Zahl durch demografische Veränderungen im Land steigt, werden übertrieben geschauspielerte TV-Dramen für sie produziert. Denn hierfür hat die Ajumma eine ausgesprochene Schwäche entwickelt. Sie interessiert sich außerdem sehr für den neusten Familientratsch und *teuroteu*, die koreanische Schlagermusik. Da sie leider nach wie vor auf dem Arbeitsmarkt geringgeschätzt wird, weiß sie sich mit geschickten Geldinvestitionen zu helfen. So manche Ajumma verdient als selbstständige Immobilienmaklerin oder Handelsvertreterin mehr als ihr Mann. Die Zeiten der altmodischen Ajumma sind längst vorbei, Tante Kim ist jetzt eine Powerfrau.

Gangs
Gangster-Engel in teuren Jacken
일진 iljin

> Eine verkehrte Welt: Hierzulande sind es die Streber, die von ihren Klassenkameraden Prügel beziehen. Doch in Korea haben die Klassenbesten das Sagen.

Lange Zeit musste sich die Polizei mit der Kkangpae, der koreanischen Mafia aus Busan, herumschlagen. Jetzt bekommt sie es mit Gangstern von der Highschool zu tun. Doch statt Kette zu rauchen und sich tätowieren zu lassen, sind die Schüler echte Streber mit guten Noten.

Es wird geschätzt, dass über 6.000 Schüler in Korea Mitglied in einer Schulgang sind. Die Erfahrenen unter ihnen sind die Anführer und werden iljin genannt. Sie üben großen Druck auf ihre Mitschüler aus und können beinahe alles von ihnen verlangen. Dazu gehört das wöchentliche Einsammeln von Taschengeld, notfalls auch mit Gewalt. Die *Iljin* fallen in ihrer Rolle als Anführer daher nicht auf. Sie sind gut in der Schule, legen viel Wert auf ihr Äußeres und sind für ihre Anhänger regelrechte Stars. »Was? Unsere Jisu ein Gangster? Schauen Sie sich doch mal ihre Noten an!«, schimpfen Eltern empört, wenn Lehrer auf die Situation aufmerksam machen. Doch das passiert selten, denn den Opfern, die von ihrem Leid erzählen, droht eine gewaltige Abreibung.

Symbol der Gangs sind übertsteuerte Markenjacken. Jugendliche, die sich mit einer Jacke für über 600 Euro in die Schule trauen, zeigen, dass sie keine Angst davor haben, abgezogen zu werden. Und falls doch, dann landet die Jacke früher oder später beim Iljin.

Naengmyeon
Wer hat Lust auf kalte Nudeln?
냉면 naengmyeon

Während des schneereichen und bitterkalten koreanischen Winters kalte Nudelsuppe zu essen, war lange Zeit eine überlieferte Sitte. Glücklicherweise haben die Koreaner schnell mit dieser Tradition gebrochen. Sie haben nämlich bald gemerkt, dass ihr kaltes Gericht hervorragend geeignet ist, um sich im schwülheißen Sommer die gewünschte Abkühlung zu verschaffen.

In Restaurants wird die Nudelsuppe Mul-Naengmyeon in einer großen Schale aus Edelstahl serviert. Damit sie schön kalt bleibt, schwimmt an der Oberfläche der Fleischbrühe zerkleinertes Eis. Je nach Geschmack lässt sich die Suppe mit einer Senfsauce und Essig nachwürzen. Rindfleisch, Gurkenstreifen und Ei runden das Gericht ab. Bevor der hungrige Gast jedoch endlich über die Suppe herfallen kann, werden die langen dünnen Buchweizennudeln mit einer großen Schere durchgeschnitten. Das ist sehr hilfreich, denn es ist nicht leicht, die feinen Nudeln mit Essstäbchen aus der Suppe zu fischen.

In einer Variante namens Bibim-Naengmyeon serviert man die kalten Nudeln mit Gochujang, einer typischen koreanischen Chilipaste. Dazu gibt es in manchen Restaurants sogar gegrilltes Schweinefleisch, aber immer Kimchi und Rettich als Beilage. Das wahre Meisterwerk unter den kalten Nudeln wird allerdings in Busan aufgetischt. Die Mil-Myeon werden mit Süßholz, Engelwurz und Zimt verfeinert. In der Hauptstadt Seoul sind sie einfach nicht zu bekommen. Dazu muss man schon in den Süden des Landes fahren.

Bingsu
Schmilz bitte nicht
빙수 bingsu

Fein zerkleinertes Eis, süße Kondensmilch, Reiskuchen und rote Bohnen. Das klingt nicht gerade nach einem schmackhaften Nachtisch. Das Gegenteil ist der Fall! Oder warum hätte der Sänger Yoon Jong-shin dem leckeren Dessert sonst ein Liebeslied geschrieben?

팥빙수 팥빙수 난 좋아 열라 좋아
Patbingsu, Patbingsu, ich mag es, ich mag es sehr
팥빙수 팥빙수 여름엔 이게 왔다야
Patbingsu, Patbingsu, ist das beste im Sommer
빙수야 팥빙수야 싸랑해 싸랑해
Bingsu, Patbingsu. Ich liebe dich, liebe dich

빙수야 팥빙수야 녹지마 녹지마
Bingsu, Patbingsu. Schmilz nicht, schmilz nicht
야 빙수야 팥빙수야 싸랑해 싸랑해
Hey Bingsu, Patbingsu. Ich liebe dich, liebe dich
나나나 나나나
Nanana nanana

Hunde-Café
Kaffee, Kot und Gebell
애견 카페 aegyeon kape

Teenager, die mit ihren Eltern in Koreas berühmten Apartmentblöcken wohnen, können oder dürfen sich keine Haustiere halten. Auch junge Angestellte finden keine Zeit, sich um ein Haustier zu kümmern. Was für ein Glück, dass es das Hunde-Café gibt!

Am Eingang wird jeder Besucher mit lautem Gebell freudig empfangen. Die Gefahr, dass der Tierfreund auf seinem Weg zu einem Tisch in ein Häufchen tritt, ist jedoch gering. Die meisten Hunde-Cafés sind sehr sauber und das starke Kaffeearoma lässt eventuellen Geruch schnell vergessen.

Doch allein wegen des Kaffees kommt niemand hierher. Man möchte Nureongi streicheln. Das ist das koreanische Äquivalent zum deutschen Bello. Die Hunde wuseln einige Zeit wild um einen herum, bis sie sich endlich beruhigt haben. Nun kann man eines der putzigen Fellbündel auf den Arm nehmen. Die Außenseiter des Rudels mit schrägem Blick und hängender Zunge spielen auf Mitleid. Hat man erst mal so einem süßen Kläffer seine Aufmerksamkeit geschenkt, wird man diesen so schnell nicht mehr los.

Koreaner hatten lange Zeit ihre Probleme mit Katzen. Sie galten als Vorboten von Unglück und die leuchtenden Augen bei Nacht sorgen noch immer für Unbehagen. Dennoch gibt es längst auch Katzen-Cafés mit vielerlei Spielzeug und Kratzbäumen, damit die Tiere ihre Krallen nicht an den Besuchern abnutzen.

Das Hunde-Café bleibt aber nach wie vor der Favorit koreanischer Tierfreunde. Gästen ist es im Übrigen erlaubt, ihren eigenen Hund mitzubringen. Vorausgesetzt dieser kann exzessives Hinternschnüffeln über sich ergehen lassen.

Westerntown
Das Äquivalent zu Chinatown
이태원 itaewon

*Jugendliche gehen in den Grand Park
Senioren gehen in das Pflegeheim
Wir gehen nach Itaewon*
(Itaewon Freedom von UV)

Das durchgeknallte Musikvideo des Comedy-Duos UV porträtiert den Kult um den Seouler Distrikt Itaewon. Im trashigen 1980er-Stil werden alle Klischees des Viertels bedient. Dabei ist Itaewon vielleicht das einzig echte Multikultiviertel in Korea. Geprägt wurde es durch die ständige Militärpräsenz der Japaner und US-Amerikaner. Der Rotlichtbezirk Hooker Hill wird damals wie heute von Soldaten bevölkert. Koreanern empfahl die Stadt, sich von dem Distrikt fernzuhalten, galt er doch als Herd von Kriminalität und Prostitution. Aber Homosexuelle und Muslime genossen die Freiheiten, die sie sonst nirgendwo in Korea hätten ausleben können.

In den 1990er-Jahren fanden auch Koreaner Gefallen an der vielschichtigen Musikszene Itaewons, und mit der Zeit wurde das schäbige Viertel immer angesagter. Nach dem Bau der Itaewon Station ließen Investoren nicht lange auf sich warten. Nun unterscheiden sich die Straßen des Viertels kaum noch vom Rest der Stadt. Koreaner sowie Ausländer beklagen sich, dass Itaewon seinen Charme verloren habe. Das Viertel, das geografisch in der Mitte von Seoul liegt, sei viel zu sehr »koreanisiert« worden.

Unser Dok-do
Streit um eine Insel mit zwei Felsen
우리 독도 uri dok-do

Über 200 Kilometer von der koreanischen Ostküste entfernt umhüllt ein gespenstischer Nebel zwei vulkanische Felsen namens Dok-do. Sie sind nur wenige hundert Meter lang, nicht außergewöhnlich hübsch und doch zahlen koreanische Touristen über 300 Euro, um sie kurz zu besuchen.

Das kleine Inselpaar beherbergt lediglich einen Leuchtturm, eine Kläranlage und ein Polizeigebäude. Lange war Dok-do unbewohnt, doch vor einigen Jahren hat sich hier ein älteres Ehepaar niedergelassen. Als einsamer Fischer kämpft der Mann fast täglich auf dem Meer gegen das raue Wetter. Glücklicherweise kann er sich im koreanischen Fernsehen zuvor über die Wetterlage informieren. Denn obwohl die Felsen unbedeutend erscheinen, werden sie im Wetterbericht auf fast jedem Kanal erwähnt.

Selbst wenn es einmal nicht um Meteorologie geht, Dok-do ist in Korea omnipräsent. Auch im benachbarten Japan werden die Felsen häufig in den Medien erwähnt, doch dann heißen sie plötzlich Takeshima. Die Japaner würden nämlich auch gerne ein Fischerpärchen auf die Inseln schicken. Daher behaupten sie felsenfest, dass Dok-do ihnen gehört. Da zumindest in dieser Frage alle Koreaner eine patriotische Einheit bilden, legten sie den Japanern viele historische Dokumente als Beweise vor. Nicht nur das Außenministerium, sondern auch kleine Organisationen kämpfen für den Erhalt der Souveränität von »Unser Dok-do«.

Bei diesem mit viel Kreativität geführtem Territorialstreit geht es um Politik, Ehre, vermutete Gasvorkommen und Fischgründe. Die westlichen Länder halten sich aus dem Konflikt heraus und ziehen es sogar vor, das Inselpaar nach seinem Entdeckerschiff Liancourt-Felsen zu nennen.

Bezahlen
Nichts für Pfennigfuchser
지불 jibul

Vor einiger Zeit noch mussten Koreaner dutzende Mitglieds- und Rabattkarten an der Kasse vorzeigen. Heute macht das eine App auf ihrem Smartphone für sie.

Beim Bezahlen versuchen sie oft alle Register zu ziehen, um am Ende den Rechnungsbetrag so weit wie möglich nach unten zu bringen. Dazu schließen sie gerne einen weiteren Kreditkartenvertrag ab. Jeder Koreaner verfügt im Schnitt über mehr als 3,5 Kreditkarten. Dass dieser Volkssport auch Nachteile in Bezug auf persönlichen Daten hat, dessen wird man sich erst langsam bewusst. Denn noch bis vor Kurzem waren alle personenbezogenen Daten inklusive Kreditkarteninformation an die eigene Mobilfunknummer geknüpft. Irgendwann war schließlich aufgefallen, dass Unternehmen einfach alles über ihre Kunden wussten.

Auch wenn es nach einem Abend mit Freunden ans Bezahlen der Rechnung geht, wird es oft sportlich. Getrenntes Bezahlen ist nämlich nicht üblich in Korea. Stattdessen drängt man sich an seinen Freunden vorbei und versucht als Erster an der Kasse zu sein. Die Ältesten oder die finanziell Bessergestellten wollen ständig die Kosten übernehmen. Selbstverständlich wird man sich hierfür revanchieren, und so stehen Koreaner strenggenommen immer bei jemandem in der Kreide. Für pfennigfuchsende Deutsche ist das etwas gewöhnungsbedürftig.

Service
Der Kunde ist König. Mindestens.
서비스 seobiseu

Tausende Kilometer weit entfernt von der Servicewüste liegt das paradiesische Korea. Das Land ist eine Oase der Bequemlichkeit. Hier bleibt McDonald's nichts anderes übrig, als einen Lieferservice zu unterhalten.

Ob im Restaurant, in der Bank oder im Kaufhaus: überall wuseln lächelnde und hilfsbereite Servicekräfte herum. Dem anspruchsvollen Kunden assistieren oft mehrere Mitarbeiter gleichzeitig. Auf dem Parkplatz verbeugen sich die Wächter vor jedem vorbeifahrenden Auto. In Supermärkten können an den Regalen mit dem Handy QR-Codes gescannt werden und die Ware wird automatisch nach Hause geliefert.

Unter dem Begriff Service verstehen Koreaner vor allem Verköstigungen und Warengeschenke. Diese halten sie für völlig selbstverständlich, sodass sie empört fragen: »Gibt es hier keinen Service?«, falls ein Geschäft mal nichts zu verschenken hat. Während Wohlhabende hinter einer VIP-Mitgliedschaft her sind, tummeln sich normalsterbliche Kunden gerne auf sogenannten Events. Kombiniert mit einer Kundenrabattkarte lässt sich mit etwas Durchsetzungsvermögen am Wühltisch viel Geld sparen. Vorausgesetzt man braucht die Waren überhaupt.

Die Lieferzeiten in Korea sind extrem kurz und entsprechend hoch sind die Erwartungen. Die Philosophie von *gap* und *eul*, die Beziehung eines Meisters zu seinem Diener, bestimmt den Umgang zwischen Kunde und Dienstleister. Dass allerdings einige *jinsang gogaek* (»widerliche Kunden«) ihre Stellung überbeanspruchen, hat bereits öfter für unschöne Szenen gesorgt. So musste sich einst ein Parkhauswächter auf Knien bei einer Kundin wegen eines Missverständnisses entschuldigen. Nach der Demütigung brach im Internet allerdings ein gewaltiger Shitstorm über die Kundin herein.

Bürokratie
Vorsicht, Bürokratieschock!
관료주의 gwallyojuui

Der Gang zum koreanischen Bürgeramt kann für einen Deutschen ein echter Bürokratieschock sein. Es ist kaum zu glauben, aber eine Meldebescheinigung gibt es in unter fünf Minuten (inklusive Wartezeit). Ohne Termin werden alle Fragen höflich und sofort beantwortet. Kein Koreaner muss ein zweites Mal wiederkommen. Fehlt ein Dokument, kann es einfach vor Ort heruntergeladen werden.

Genauso wie Deutschland kann Korea auf eine lange bürokratische Tradition zurück blicken. Der feine Unterschied liegt in den Lehren, welche die Koreaner aus ihrer Erfahrung gezogen haben. Die Beamten und Angestellten vieler Ämter wollen den Bürgern einen guten Service bieten. Abgesehen davon würde die ungeduldige koreanische Seele ohnehin nicht länger als zehn Minuten warten wollen.

Während man in Europa noch über die richtigen Einsatzmöglichkeiten von e-Government grübelt, laden Koreaner ihre Dokumente längst von Minwon24 herunter. Über diese Webseite lassen sich die meisten Bürgerangelegenheiten mit einem Mausklick erledigen. Für Menschen, die besonders eiligen Fußes unterwegs sind, steht in der U-Bahn ein kleiner Amtsautomat. Nachweise über Familienbeziehungen, Meldebescheinigungen, Grundbuchauszüge sind im Nu ausgedruckt.

Vielleicht gibt es diesen Automaten in Deutschland nur noch nicht, weil er Sätze wie: »Da müssen sie morgen wieder kommen«, oder: »Dafür bin ich aber nicht zuständig«, nicht anzeigen kann.

PC-Bang
Kriegsspiele 24 Stunden, 7 Tage die Woche
PC방 PC-bang

Woo-jin sitzt in der Bibliothek und lernt eifrig für seinen Highschoolabschluss. Das glauben zumindest seine Eltern. In Wirklichkeit ist er mit seinen Freunden im PC-Bang um die Ecke verabredet. Heute spielen sie *StarCraft*, wie eigentlich immer. Aber zu Hause, erzählt Woo-jin, würde er nie spielen. Seine Mutter lässt einfach nicht locker und treibt ihn immer zum Lernen an.

Für weniger als 1 Euro können Besucher des PC-Bangs hier zocken, E-Mails checken oder, wie in meinem Fall, etwas ausdrucken. Leider habe ich eine Raucherhöhle betreten. Von einem Hustenanfall geplagt, nehme ich meinen Log-in entgegen. Der sichtlich genervte Junge an der Theke gibt mir eine kurze Einweisung.

Woo-jin erklärt mir dann, dass die Angestellten hier selbst Gamer sind und nicht unnötig oft gestört werden wollen. Es gäbe auch einen Higher-Class-PC-Bang, in dem nicht geraucht werden darf und in dem mit Sauerstoff angereicherte Luft zirkuliert. Dort würde auch Kaffee serviert werden und die Bedienung sei weniger wortkarg. Er käme auch nur hierher, weil eine Mitgliedschaft ihm und seinem Freund Freistunden beschere.

Amüsiert bemerken wir, dass Woo-jins Freund am Computer eingeschlafen ist. Kein Wunder, denn sie sind schon seit fast zehn Stunden hier. Hinter vorgehaltener Hand verrät Woo-jin mir weiter, dass es auch Seongin-PC-Bangs gibt. Das seien PC-Bangs für Erwachsene: kleine Räume, in denen man sich Pornos anschauen oder von Frauen zum Telefonsex angerufen werden kann. Woo-jin kichert laut und sein Freund wacht überrascht auf. Sofort widmen sich die beiden wieder ihrem Online-Krieg gegen die *Zerg* und ich verlasse den blauen Dunst, der irreal wie ein Computer-Effekt im Raum schwebt.

e-Sports
Mausarm statt Tennisarm
e스포츠 e-seupocheu

Vor großem Publikum führen Profispieler in echten Arenen virtuelle Kriege. Tagtäglich wird auf böse Aliens geschossen oder gegen fiese Magier gekämpft. Auf der einen Seite investieren Konzerne in die Sponsoring-Kassen erfolgreicher Spieler, auf der anderen Seite pumpt die Regierung Geld in Anti-Spielsucht-Programme.

Seit Mitte der 1990er-Jahre spielen Koreaner online im PC-Bang Mulitplayer-Spiele gegeneinander. Sich auf diese Art mit anderen zu messen, ist für junge Männer besonders attraktiv. Manche von ihnen sind darin so gut, dass sie davon ihren Lebensunterhalt bestreiten können. Drei Kabelkanäle strahlen rund um die Uhr sogenannte Matches aus. Hier treten professionelle Spieler wie Im Yo-hwan gegen Kontrahenten anderer Clans an. Als Yo-hwan von der koreanischen Luftwaffe eingezogen wurde, dachten viele seiner Fans, dass seine Karriere nun vorüber sei. Doch die Armee ermöglicht ihm, in einem militäreigenen Verband weiterzuspielen.

Wie der realitätsbezogene Sport, ist leider auch der digitale Wettbewerb von Spielmanipulationen betroffen. Darunter hatte ausgerechnet das beliebteste Spiel der Koreaner zu leiden: *StarCraft*. Viele Fans waren so enttäuscht von den Vorfällen, dass das Interesse an dem Game nachließ. Die hinterlassene Lücke wurde jedoch sofort von *League of Legends* geschlossen. Um nur ein einziges Match zu sehen, kommen über 10.000 Computerspiel-Begeisterte in Arenen zusammen. Auf der Bühne tragen die Spieler sportliche Trikots, sehen aus wie Rennfahrer und sitzen in schallgeschützten Glaskästen. Ohne diese würden sie ihre eigenen Kommandos in das Headset nicht hören können, so ohrenbetäubend ist das Geschrei der Fans.

Spione
Geduldige kalte Krieger
간첩 gancheop

Angeblich gibt es noch immer nordkoreanische Spione, die seit Jahrzehnten als Schläfer in Südkorea auf ihren Einsatzbefehl warten. Wer einen solchen Spion entdeckt, wählt die 111. Das ist der Spionagenotruf des NIS (National Intelligence Service). Bei einem Hinweis gibt es eine hübsche Armbanduhr vom Geheimdienst.

Dass diese Notrufnummer nicht nur aufgrund von Paranoia existiert, zeigen die Vorkommnisse abstruser Spionagefälle: 1968 zum Beispiel gelangen 30 nordkoreanische Agenten über einen zugefrorenen Fluss bis nach Seoul und greifen den Regierungssitz im Blauen Haus an. Erst kurz vor ihrem Ziel können sie überwältigt werden. Einige Jahre darauf werden zahlreiche südkoreanische Zivilisten nach Nordkorea entführt. Es wird davon ausgegangen, dass bis heute etwa 4.000 Südkoreaner und Japaner gekidnappt worden sind. 1971 bildet Südkorea Verbrecher zu einer heimlichen Eliteeinheit aus. Sie sollen den nordkoreanischen Diktator ausschalten. Doch der Plan wird gestoppt und die Soldaten sollen beseitigt werden. Als diese davon erfahren, starten sie einen Amoklauf. 1986 sprengt eine nordkoreanische Agentin eine südkoreanische Passagiermaschine, und nur wenige Jahre später gibt es gleich zwei missglückte Angriffe von Spionage-U-Booten. 1999 gibt Südkorea erstmals zu, dass es ebenfalls Spione in den Norden geschickt hat.

Es wird davon ausgegangen, dass Nordkorea heute eine Einheit von bis zu 4.000 Cyber-Spionen unterhält. Diese führen vermehrt Angriffe auf Banken, Medien und Regierungseinrichtungen aus. Hin und wieder lässt Nordkorea die Grenze mit einfach konstruierten Drohnen überwachen. Diese stürzen gelegentlich über südkoreanischem Territorium ab.

Sollten in Südkorea tatsächlich noch nordkoreanische Spione vergeblich auf ihren Einsatzbefehl warten, so wissen sie sich in PC-Bangs mit Videospielen wie *StarCraft II* wenigstens die Zeit zu vertreiben.

Ein nordkoreanisches Spionage-U-Boot ist an der Ostküste bei Gangneung ausgestellt. 1996 war es hier auf Grund gelaufen. Bei der anschließenden Fahndung nach der Besatzung kam es zu mehreren Todesopfern auf beiden Seiten.

Kulinarische Reise
Mit Völlegefühl über den Gyeongbu-Highway
맛집 여행 matjip yeohaeng

Am Samstagmorgen um 09:18 Uhr klingelt Bielles Handy. Es ist Miyeong: »Hey, wo bist du? Ich habe Lust auf etwas Leckeres aus dem Jinjja-Restaurant in Sokcho!« – »Ist das nicht zu weit …?«, gähnt Bielle ins Telefon. – »Zieh dir was an. Ich lade dich ein!«

Bielle meint, ihre Freundin Miyeong sei eine typische Koreanerin. Ständig durchstöbert sie im Internet Food-Blogs auf der Suche nach den angesagtesten Restaurants und den leckersten Angeboten. Seitdem sie ein Auto hat, ruft sie samstagmorgens häufiger an.

Die beiden fahren in das Küstenstädtchen Sockho und essen zum Auftakt ihrer Reise Abai-Sundae, eine lokale Spezialität aus Schweinefleisch. Für unterwegs kaufen sie sich auf einem traditionellen Markt frittiertes Hähnchen in süß-saurer Sauce, das meist kalt gegessen wird. »Klar, das bekommst du auch bei uns im Viertel. Aber da schmeckt es einfach nicht. Manche lassen sich das Hähnchen von hier sogar nach Seoul liefern«, erklärt Miyeong.

Entlang der malerischen Ostküste fahren die beiden Richtung Süden. Der nächste Halt ist Yeongdeok, ein kleines Dorf, das für seine köstlichen Schneekrabben berühmt ist. Ein Lokal zu finden, ist nicht schwer. Manche werben nämlich mit riesig großen Krabbenfiguren auf dem Dach oder am Eingang. Wenn die Krustentiere Saison haben, ist der kleine Ort ganz schön von hungrigen Touristen bevölkert. Dennoch finden Miyeong und Bielle nach dem Schmaus ein Hotelzimmer.

Am nächsten Tag geht es über den Gyeongbu-Highway wieder Richtung Norden. Die Strecke ist bekannt für ihre regionalen Spezialitäten. Denn anders als in Europa kann man an vielen Raststätten Koreas sehr gut essen gehen. Bevor Miyeong und Bielle schließlich nach Hause fahren, genießen sie zusammen eine Anseong-Suppe. Das ist eine würzige weiße Reissuppe, die mit Chilipaste verfeinert wird.

Zurück in Seoul angekommen und unter einem Völlegefühl leidend, denken die beiden über eine Diät nach.

Einige Restaurants stellen ihre Auswahl als Plastik-Version im Schaufenster aus.

Arbeiten
Anzüge, Überstunden und Schnaps
일하다 ilhada

Früh am Morgen bevölkern unzählige Menschen in Anzügen die U-Bahn. Alle sind gleich gut gekleidet und niemand sticht unangenehm als Individuum heraus. Formale Kleidung ist in den meisten koreanischen Büros unabdinglich. Freitags dürfen viele Angestellte auch in Jeans zur Arbeit fahren, dann können sie nach getaner Arbeit direkt ins Wochenende starten. Oder doch nicht?

Unter Umständen müssen sie sich noch etwas gedulden. Denn erst wenn der Vorgesetzte gegangen ist, können auch sie das Büro verlassen. Dass sie freiwillig unbezahlte Überstunden leisten, wird von den Chefs erwartet. Doch Überstunden müssen nicht unbedingt Arbeitsstunden sein. Die Zeit, bis der Chef endlich gegangen ist, lässt sich prima mit Spielen auf dem Smartphone herumkriegen. Dauert es einmal länger, können sich die Angestellten auf Kosten der Firma auch ein Abendessen liefern lassen.

In der koreanischen Arbeitswelt herrscht die Philosophie von *gap* und *eul,* eine klare hierarchische Struktur. Arbeitnehmer haben sich für ihren Chef immer verfügbar zu halten. Sie sollten ihm nicht widersprechen oder ihn offen kritisieren. Koreaner arbeiten etwa 700 Stunden mehr im Jahr als Deutsche. Dafür zahlen sie nur etwa zehn Prozent Steuern, müssen aber mit nur zehn Urlaubstagen im Jahr auskommen.

Um den Zusammenhalt in der Firma zu fördern, laden Chefs ihre Angestellten mehrmals im Monat zu einem *hoesik* ein. Man geht entweder zusammen essen oder direkt in eine Bar. Auch hier gilt: Erst wenn der Vorgesetzte nach Hause gehen möchte, dürfen auch alle anderen den Heimweg antreten. Ein Typ Chef ist hierbei besonders unbeliebt: Er schenkt immer wieder Soju nach und will einfach nicht nach Hause. Denn dort wartet eine griesgrämige Ehefrau auf ihn, die sich nicht einfach so herumkommandieren lässt.

Suizid
Höchste Suizidrate der Welt
자살 jasal

Immer wieder schockieren Medienberichte über Suizide die koreanische Gesellschaft. Einige Kongressabgeordnete setzen sich zurzeit für ein besseres Existenzsicherungsgesetz ein, bei dem vor allem in Armut lebenden Koreanern geholfen werden soll. Doch die hohe Zahl an Selbsttötungen ist ein Problem, das in allen sozialen Schichten zu finden ist.

Manager, Rentner, Schüler oder Prominente nehmen sich hauptsächlich durch Erhängen oder Vergiftung das Leben. Dieser Umstand ist den enormen Lebensansprüchen und dem sozialen Druck, ein erfolgreiches Leben führen zu müssen, geschuldet. Koreaner müssen auf die beste Uni gehen, bei den namhaftesten Unternehmen arbeiten und die teuersten Konsumgüter besitzen. Der Konkurrenzkampf findet in beinahe jedem Lebensbereich statt. Vorwiegend ältere Menschen leiden bei finanziellen Nöten oft unter dem Verlust ihres *chemyeon*, ihrer Ehre. Sie haben jahrelang eine große Familie ernährt und kommen sich plötzlich nutzlos vor. Für viele steht ein Gespräch mit einem Therapeuten nicht zur Diskussion. Der einzige Ausweg, so scheint ihnen, ist der Freitod.

Korruption
Korrupt sind immer nur die Anderen
부정부패 bujeongbupae

Der Anwalt eines Präsidentschaftskandidaten fuhr 2002 einen beträchtlichen Betrag Bargeld quer durch die Stadt zu seinem Mandanten. Die inoffizielle Lieferung war als eine Art »Geschenk« der Firma LG gedacht. Zweimal musste der Anwalt hin und her fahren, da die 8 Millionen Euro in kleinen Scheinen nicht in den Van passten.

Ob beim Militär, in der Personalpolitik oder bei Bau-Ausschreibungen, Korruptionsskandale sind in den Medien regelmäßig zu finden. Koreaner empfinden jeden Skandal als eine Schande für ihr Land. Bis natürlich ein eigenes Familienmitglied Nutznießer von Vetternwirtschaft oder Korruption wird. In einer familienorientierten Gesellschaft fällt es schwer, die Grenzen zu ziehen. Kleine Geschenke oder Gefälligkeiten werden in der Regel nicht als Bestechung verstanden, sondern als *jeong*, als Zeichen der Zuneigung. Hinzu kommt, dass Koreaner sich gerne großzügig zeigen und eine kleine Aufmerksamkeit *(insim)* oft angebracht erscheint.

Journalisten, Angestellten und Lehrern ist seit 2015 das Annehmen von Geschenken gesetzlich untersagt. Doch das neue Anti-Korruptionsgesetz wird von vielen Kritikern als zu schwammig formuliert angesehen. Besonders weil sich Kongressabgeordnete davon grundsätzlich ausgenommen haben.

Die linke Partei Jeonguidang kritisiert Korruption und die Macht der Konzerne.

McKorea
Der Staat und sein Ausverkauf
맥코리아 maekkoria

Das schöne Geld des Steuerzahlers.
Lasst es uns verschwenden.
Republik Korea. Unser Land McKorea.
(Rocksong von T.A-Copy)

Kim Hyeong-ryeol kritisiert in seinem Film *McKorea* die Privatisierung koreanischer Highways. Der Titel des Films spielt auf den australischen Finanzdienstleister Macquarie an. Ohne sich viele Gedanken zu machen, ließ die Regierung in Seoul einige Highways von Macquarie finanzieren und versprach den Australiern zehn Prozent der Mauteinnahmen. Doch die pfiffigen Leute von Macquarie liehen sich zu teuren Zinsen das Geld von sich selbst und ließen Korea dafür zahlen. Dass der Verkauf der Highways von einem ehemaligen Mitglied des Ministeriums für Transport angetrieben wurde und dieser nun über eine beträchtliche Altersvorsorge verfügt, ist sicher nur ein unglücklicher Zufall.

Seit jeher versuchten Politiker auch den Weltklasse-Flughafen Incheon Airport zu privatisieren, doch die meisten Koreaner hielten nicht viel davon und stimmten stets dagegen. Anschließend versuchte die Regierung, wenigstens die Zugverbindung zwischen dem Flughafen und Seoul zu verkaufen. Doch mehrere hunderttausend Demonstranten zeigten der Politik auf den Straßen trotz eisiger Kälte, was sie davon hielten. In Zukunft werden sie noch öfter ihren Unmut zum Ausdruck bringen müssen, denn nach dem Verkauf der Woori Bank dauert es bestimmt nicht lange, bis weitere staatliche Einrichtungen zum Sonderpreis zu haben sind.

140 Gingkobäume
Wer hat sich das nur ausgedacht?
은행 나무 eunhaeng namu

Knapp die Hälfte der Bäume, die Seouls Straßen säumen, sind Gingkobäume. Auch in Busan, Incheon oder Cheonan zieren sie die Alleen. Vor etwa 40 Jahren wurden sie in einer Nacht-und-Nebel-Aktion angepflanzt. Die von Aktionismus getriebene Militärregierung erklärte damals den Gingkobaum als offiziellen Allee- und Straßenbaum. Schnell entpuppte sich dies als eine peinliche Fehlentscheidung.

Auserwählt wurde der Gingkobaum, weil er als ausgesprochen resistent gegen Ungeziefer gilt. Sein stolzer, pyramidenförmiger Wuchs wirft in den heißen Sommermonaten große Schatten und wirkt auch der Umweltverschmutzung entgegen. Seine ganze Pracht kommt besonders im Herbst zur Geltung. Wunderschön leuchten dann seine gelblichen Blätter im Licht der untergehenden Sonne.

Doch dann fallen seine Samen auf den Boden. Auf den Gehwegen zertrampelt, bilden sie einen glitschigen Untergrund, der eine Gefahr für Fußgänger darstellt. Das schlimmste ist ohne Frage der faulige Gestank. »*Naemsae, naemsae, naemsae!*«, schimpfen die Koreaner über den Geruch, der ihnen Kopfschmerzen beschert. Am liebsten würden sie alle Gingkobäume entfernen lassen. Eine Neubepflanzung wäre allerdings viel zu kostspielig. Ehe die Bürger also auf dumme Gedanken kommen und selbst zum Beil greifen, haben die Städte eine simple Maßnahme ergriffen: Bevor die Samen zu Boden fallen, sollen sie von Helfern einfach gepflückt werden. Über die Myriaden von Samen freuen sich jetzt ältere Mitbürger, die den ungeliebten Ballast gerne an sich nehmen. Sie wissen die Samen für ihre gesundheitsfördernde Wirkung zu schätzen. In einer Pfanne angebraten sollen sie sogar sehr gut schmecken.

Brautkauf
Das lukrative Geschäft der Heiratsvermittler
신부 구입 sinbu guib

»Heiraten Sie eine kambodschanische Frau – Jungfräulichkeit garantiert«, »Die Vietnamesin – sie rennt ihnen nicht davon«: So klingen die Werbesprüche der Heiratsvermittler, die koreanische Männer mit jungen Frauen aus Südostasien verkuppeln möchten.

Für die Männer vom Land ist es nicht leicht, eine Ehefrau zu finden. Besonders, wenn sie wenig verdienen oder keinen Hochschulabschluss haben. Denn darauf legen Koreanerinnen und ihre Familien viel wert. Daher beauftragen manche Männer Agenturen, die im Ausland nach einer Frau suchen. Im besten Fall gleicht die Zukünftige in ihrem Erscheinungsbild einer Koreanerin. Aufgrund ihrer hellen Hautfarbe und der großen Augen stehen usbekische Frauen ganz hoch im Kurs. Durch koreanische Fernsehserien haben die potentiellen Bräute oft eine verzerrte Vorstellung von Korea. Hinzu kommt, dass sie nur wenige Tage Zeit haben, ihren Mann kennenzulernen.

Für eine durchschnittliche Hochzeit zahlen heiratswillige Koreaner 14.000 Euro. Doch ein Großteil der Heiratsvermittler treibt den Preis durch versteckte Kosten gerne in die Höhe. Auch verschweigen die Agenturen ihren weiblichen Kunden etwaige kriminelle Vorgeschichten ihres Verlobten.

An einer notwendigen kulturellen Aufklärung mangelt es leider gänzlich. So gehen koreanische Männer und ihre Familien oft davon aus, dass ihre Ehefrauen aus Südostasien von jetzt auf gleich ihre eigene Kultur ablegen können. Deshalb wundert es nicht, dass die Scheidungsrate doppelt so hoch ist wie die des koreanischen Durchschnitts. Als Reaktion auf diese Entwicklung haben die Behörden den Frauen die Heirat durch gesetzliche Bestimmungen erschwert und die Männer zu einem vierstündigen Kulturkurs verpflichtet. Ob diese Maßnahmen die Heiratsagenturen in ihre Schranken weist, ist fragwürdig.

Derweil ist das Thema in das öffentliche Interesse gerückt. Diverse Unterhaltungsprogramme im Fernsehen widmen sich dem Alltag und den Problemen interkultureller Familien.

2009년 속초·고성·양양 영북지역대표 생활정보

4월 29일

제1930호
매/일/배/포

대표: 636-1515
Fax: 636-1516

속초·고성·양양·거진·인구·현남·하조대

www.

★ 베트남 · 캄보디아 · 필리핀 · 우즈벡 ★

강태원

우리는 하나
고객감동
항상 처음처럼

국제결혼

♥ 결혼
♥ 365
♥ 베트
♥ 국제

대표 강태원

강태원 결혼

사업자 등록번호 608-01-2956

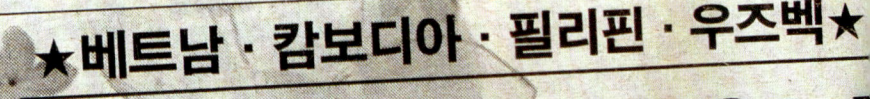

148 Silber
Geschirr und Besteck
은 eun

Anders als Japaner und Chinesen benutzen Koreaner Essstäbchen aus Metall. In manchen Restaurants werden Reis und Nudelsuppen nach wie vor in Metallschalen serviert. Diese Eigenart geht auf die Zeit der Könige zurück. Damals waren Geschirr und Besteck aus Silber, um eventuell vergiftete Speisen zu identifizieren. Wegen seiner edlen Farbe war auch Bronze bei der koreanischen Aristokratie sehr beliebt.

Um sich selbst ein wenig adelig zu fühlen, begannen auch die gewöhnlichen Leute, metallenes Besteck zu benutzen. Es wird auch heute noch sehr geschätzt, weil es robuster und hygienischer als Holz oder Bambus ist. Dass Edelstahlschalen außerdem die Speisen länger warm halten können, ist für Koreaner absolut wichtig. Es gibt nichts Schlimmeres als ein lauwarmes Abendessen nach einem anstrengenden Arbeitstag.

Um das Essen mit den schweren Essstäbchen aus Edelstahl zu erlernen, bedarf es einiges an Übung. Daher dürfen koreanische Kinder zu Anfang mit Plastik trainieren. Eine Besonderheit stellt auch der Löffel dar, mit dem der Reis gegessen wird. Denn im Gegensatz zu Japan darf die Reisschale nicht vom Tisch gehoben werden. Nur ein Löffel schafft dann den langen Weg zum Mund, ohne mit Reis herumzukleckern.

Nunchi
Die Fettnäpfchen-Fabrik
눈치 nunchi

Für *nunchi* gibt es leider keine direkte Übersetzung ins Deutsche. Dass es gleichzeitig die Quelle vieler Missverständnisse zwischen Koreanern und Ausländern ist, macht die Sache nicht einfacher. Schuld ist mal wieder Konfuzius.

Das konfuzianische Gibun beschreibt ein emotionales und soziales Gleichgewicht, das bei zwischenmenschlichen Beziehungen nicht erschüttert werden darf. Die Befindlichkeit der Person gegenüber wird als sehr wichtig erachtet. Durch die Beachtung von traditionellen Höflichkeitsformen zeigen sich Koreaner ihren Respekt füreinander. Dazu gehören Verbeugungen, korrekte Sprache und eine bestimmte Gestik, die insbesondere beim Essen zur Geltung kommt. Beim Einschenken von Getränken und Überreichen von Geschenken zum Beispiel ist es wichtig, entweder beide Hände zu benutzen oder mit der zweiten Hand die erste zu unterstützen.

Um die soziale Harmonie aufrechtzuhalten, nutzen Koreaner Nunchi, die Umsicht und Kunst, seinen Mitmenschen richtig einzuschätzen. In Familien und am Arbeitsplatz hat Nunchi eine substanzielle Bedeutung. Denn der gebotene Einklang wird nur mit dem richtigen Augenmaß für das Miteinander erreicht.

Deutsches Dorf
Gartenzwerge in Korea
독일 마을 dogil maeul

Eine Schar koreanischer Touristen kraxelt keuchend einen Hang hoch. Sie sind gekommen, um sich ein deutsches Wohngebiet in Korea anzuschauen. Ein Schild mit dem Hinweis »Betreten verboten« empfängt sie am Eingang eines sauberen deutschen Vorgartens. »Juhu, die Mühe hat sich gelohnt!«

Die spießige deutsche Siedlung bietet mit ihren roten Ziegeldächern und der malerischen Bucht im Hintergrund eine schöne Aussicht für Touristen und Anwohner. Letztere würden die ländliche Stille gerne alleine genießen. Doch viele Koreaner kommen gerne den weiten Weg für Gartenzwerge, Bier und Bratwurst hierher. Das Oktoberfest des Dorfes erfreut sich be-

sonderer Beliebtheit. Vielleicht hatten sich die deutsch-koreanischen Rentner, die hier wohnen, das Ganze etwas anders vorgestellt. Ursprünglich wurde das Deutsche Dorf von koreanischen Kommunalpolitikern ins Leben gerufen, um die von Landflucht betroffene Region wiederzubeleben.

In den 1960er- und 70er-Jahren kamen viele koreanische Krankenschwestern und Bergarbeiter nach Deutschland und heirateten dort. Doch das permanente Heimweh ließ sie nicht los. Schließlich fanden die ehemaligen Gastarbeiter mit ihren deutschen Ehepartnern auf der Insel Namhae-do eine neue Heimat.

Die in Deutschland lebende koreanische Regisseurin Cho Sung-hyung hat 2009 einen amüsant-melancholischen Film über die entwurzelten Bewohner des Deutschen Dorfes gemacht. Hierin wird auch deutlich, warum man keine Touristen im Vorgarten duldet.

Ausländer
Von einem anderen Stern
외국 사람들 oeguk saramdeul

Lange Zeit galt Korea als das »abgeriegelte Königreich« und noch immer ist das Land eines der weltweit ethnisch homogensten Nationen. Die Erfahrungen mit anderen Kulturen waren so gering, dass auch heute noch Vorurteile und Mythen Besucher aus dem Ausland in Erstaunen versetzen.

Vor einigen Jahren wurden Ausländer noch angestarrt und man ging ihnen aus dem Weg. Vor allem in der U-Bahn mochten sich Koreaner nicht neben einen Ausländer setzen – allerdings aus Angst, in eine Konversation auf Englisch verwickelt zu werden. Für Erstaunen sorgte ein Ausländer, der das koreanische Alphabet lesen konnte oder fähig war, alleine mit dem Busfahren zurechtzukommen. Sprach er gar gutes Koreanisch, wurde er herumgezeigt, aber oft nicht ernsthaft angehört. Die Sensation war größer als der Inhalt der Worte, egal wie sehr sich der Fremde auch anstrengte. Wollte der Ausländer dann im Restaurant endlich in Ruhe sein Mittagessen genießen, verweigerte man ihm die Speise. Mit der Begründung, er könne das scharfe koreanische Essen nicht vertragen, wurde die Bestellung ungefragt geändert.

In dem rasanten Wandel, den Korea durchmacht, hat sich jedoch das Verhältnis zu Menschen aus anderen Kulturkreisen geändert. Im koreanischen Fernsehen laufen Sendungen wie *Non-Summit* oder die Reality-Show *Seoulmate,* in denen ausländische Protagonisten für Abwechslung sorgen. Und auch in Werbespots tauchen als Eyecatcher vermehrt westliche Gesichter auf. Heutzutage suchen Koreaner das Gespräch auf Englisch, freuen sich über angeheiratete Fremde in der Familie und gönnen dem Ausländer sogar seine scharfe Nudelsuppe zum Mittag.

Danksagung

Wir möchten unseren koreanischen sowie deutschen Familienmitgliedern und Freunden für ihre ausgiebige Unterstützung unseren Dank ausdrücken. Wir danken auch dem CONBOOK Verlag, insbesondere Matthias Walter und Eva Reinitz, für die sehr angenehme Zusammenarbeit. Des Weiteren bedanken wir uns bei allen Fotografen, die unser Projekt mit ihren spannenden Bildern bereichert haben.

Vielen Dank, 감사합니다!

»Wer mir einen nachvollziehbaren Grund nennen kann, erwachsen zu werden, bekommt sämtliches Gold der Welt, einen Oscar in allen Kategorien und sei gleichzeitig in die Hölle verbannt.«

Andreas Brendt
Boarderlines

ISBN 978-3-943176-99-5
ISBN 978-3-95889-086-2

»Ein Buch mit großer Erzählkraft, Tiefsinn und einer Prise Humor.« *(Aachener Nachrichten)*

»Ein Buch zum Runterlesen. Die Geschichten sind witzig und man erwischt sich sehr schnell dabei, seine Sachen packen und die Welt erleben zu wollen.« *(Radio Köln)*

»Unglaublich witzig und unterhaltsam und gleichzeitig mit Tiefgang. Vorsicht: Suchtgefahr.« *(active woman)*

Andi ist ein pflichtbewusster VWL-Student, dem eine lukrative Zukunft winkt. Doch dann entscheidet er spontan, sein Konto zu plündern und nach Asien aufzubrechen. Auf Bali wird er mit dem Surfvirus infiziert, und von nun an ist das Wellenreiten seine lebensbestimmende Leidenschaft, die ihn vor eine große Entscheidung stellt: Gibt er dem inneren Feuer Zündstoff oder ebnet er den Weg für die geplante Managerkarriere?

Boarderlines ist ein autobiografischer Reise-Roman über die schönsten Wellen dieses Planeten, die Sinnsuche und die Sehnsucht nach Abenteuer. Über ein Leben zwischen Pistolen, Edelsteinen, Malaria, einer entlegenen Insel, gemeinen Ganoven, allwissenden Professoren, und deutschen Bierdosen. Über Freundschaft und natürlich über die Liebe – zum Surfen, zu Menschen, zum Leben.

www.conbook-verlag.de

Die erfolgreiche Blamageprophylaxe:
Unser unterhaltsamer Fettnäpfchenführer für alle Korea-Fans.

Jan-Rolf Janowski
Fettnäpfchenführer Korea
Auch ein Affe fällt mal vom Baum

ISBN 978-3-943176-38-4

In Korea kann es Ihnen durchaus passieren, dass Sie mit Salz beworfen werfen, dass Ihr Chef Sie füttert oder dass Ihnen fremde Menschen in der U-Bahn den Koffer aus der Hand reißen – als nette Geste, versteht sich. Geschminkten Männern werden Sie sicher ebenfalls häufiger begegnen, Hunden auf dem Teller dagegen selten. Ach ja, und Deo sollten Sie besser mitbringen, wenn Sie kein Vermögen ausgeben wollen – außer Ihnen braucht das hier nämlich niemand.

Korea ist für uns ein kaum bekanntes Land – und bietet jede Menge Möglichkeiten, ins Fettnäpfchen zu treten. Auch Studentin Julia und Praktikant Nico hangeln sich ganz schön *bballi bballi* durch den koreanischen Alltag, kommen dabei vom Tempel ins Rotlichtviertel und von der Hochzeit zur Trauerfeier. Dabei bleibt es nicht aus, dass sie sich ein ums andere Mal mächtig danebenbenehmen. Doch zum Glück sind die Koreaner meist schnell wieder versöhnlich gestimmt. Denn schließlich wissen sie: Selbst ein Affe fällt mal vom Baum.

»Wir geben eine uneingeschränkte Kaufempfehlung für alle, die einen Aufenthalt in Korea planen und sich ernsthaft mit sozialer Kultur und den zwischenmenschlichen Gegebenheiten auseinandersetzen möchten. *(K - Colors of Korea)*

»Ein interessantes Buch, dem man anmerkt, dass hier jemand mit viel Kenntnis und Verständnis seine Liebe für ein fremdes Land geradezu melodisch intoniert hat. Daher kommt es auch weniger als trockenes Sachbuch daher, sondern als eine Art Kultur-Erzählung mit äußerst sympathischen Protagonisten auf koreanischer wie deutscher Seite.« *(KBS World Radio)*

www.conbook-verlag.de